Maren Möhring, Gabriele Pisarz-Ramirez, Ute Wardenga
Imaginationen

Dialektik des Globalen. Kernbegriffe

Herausgegeben vom Sonderforschungsbereich 1199 „Verräumlichungsprozesse unter Globalisierungsbedingungen" der Universität Leipzig, dem Leibniz-Institut für Geschichte und Kultur des östlichen Europa und dem Leibniz-Institut für Länderkunde

Band 5

Maren Möhring, Gabriele Pisarz-Ramirez, Ute Wardenga

Imaginationen

—

Gefördert von der Deutschen Forschungsgemeinschaft

ISBN 978-3-11-064137-0
e-ISBN (PDF) 978-3-11-064554-5
e-ISBN (EPUB) 978-3-11-064168-4
ISSN 2568-9452

Library of Congress Control Number: 2019941271

Bibliografische Information der Deutschen Nationalbibliothek
Die Deutsche Nationalbibliothek verzeichnet diese Publikation in der Deutschen Nationalbibliografie; detaillierte bibliografische Daten sind im Internet über http://dnb.dnb.de abrufbar.

© 2019 Walter de Gruyter GmbH, Berlin/Boston
Umschlagabbildung: Sonnenaufgang bei Hollywood (Stau-Seen), um 1931, Gemälde von Ernst Vollbehr © Leibniz-Institut für Länderkunde.
Druck und Bindung: CPI books GmbH, Leck

www.degruyter.com

Inhalt

1 Einleitung —— 1

2 Die Rolle von Imaginationen im SFB 1199 —— 3

3 Disziplinäre Perspektiven auf Raumimaginationen —— 7
   Geographie —— 9
   Kulturwissenschaften und Kulturgeschichte —— 16
   Literaturwissenschaft —— 20

4 Beispielanalysen —— 25
   Mit antiken Göttern zum Raumformat: G.K. Gilberts „Origin of the Physical Features of the United States" (1898) —— 25
   Die „Wild-West-Bar" im „Haus Vaterland" in Berlin, 1928 —— 30
   Raumimaginationen in Helena Marie Viramontes' „The Cariboo Café" —— 38

5 Schluss —— 45

1 Einleitung

Imagination bzw. Einbildungskraft bezeichnet die Fähigkeit, Ideen und Bilder sowohl im Geiste als auch mit Hilfe von Medien zu kreieren.[1] Zentral ist dabei die mentale und durch Medien wie z. B. Bilder, Karten und Texte materialisierte Visualisierung von etwas hier und jetzt (noch) nicht Präsentem oder von etwas, das sich möglicherweise niemals realisieren wird. Imaginationen sind keine irrealen Hirngespinste, sondern stellen wichtige Triebkräfte (in) der Realität dar. Als „Vor- und Darstellungsvermögen"[2], das etwas Abwesendes zu verbildlichen und (damit) zu versinnlichen in der Lage ist, galt die Imagination in der Frühen Neuzeit als eine körperliche und potenziell gefährliche Macht. Frauen, die während der Schwangerschaft etwas Hässliches sahen, wurden als gefährdet betrachtet, „monströse" Kinder zu gebären.[3] Das vormals als problematisch erachtete Vorstellungsvermögen erfuhr im 18. Jahrhundert eine radikale Aufwertung.[4] In der Moderne wurde vor allem seine produktive Funktion wahrgenommen und die Imagination wurde zu einem essentiellen Moment von Prozessen der Planung, des Entwerfens und Organisierens der Welt. Die menschliche Fähigkeit, Dinge in Zeit und Raum kreativ miteinander in Beziehung zu setzen, wird seitdem als unerlässliche Kraft der Geschichte – auch der Raumgeschichte – betrachtet.

Jochen Schulte-Sasse argumentiert in seiner Begriffsgeschichte der Einbildungskraft, dass die potenziell disruptive Dimension der Imagination in der Moderne zunehmend in den Hintergrund gedrängt, die Imagination diszipliniert worden sei. Durch ihre Ausrichtung auf planerische und strategische Zwecke wurde die Einbildungskraft als „Entwurfsvermögen" eingehegt.[5] Sie ist aber stets mehr als ein Instrument logischer oder systematischer Problemlösung, vor allem weil sie eine starke affektive Dimension besitzt. Ängste und Begehren sind zentrale Triebkräfte und verleihen den Imaginationen Macht – nicht zuletzt die Macht, Experimentier- und Möglichkeitsräume zu eröffnen. In dieser – modernen – Variante wird der Begriff für die Forschungen des Sonderforschungsbereichs

---

[1] Bis ins 18. Jahrhundert hinein wurden die aus dem Lateinischen hergeleitete Imagination und die aus dem Griechischen abgeleitete Phantasie als gleichbedeutend behandelt, so J. Schulte-Sasse, „Einbildungskraft/Imagination", in: K. Barck u. a. (Hg.), *Ästhetische Grundbegriffe*, Bd. 3, Metzler: Stuttgart, 2010, S. 88–120, hier S. 89.
[2] Ebd., S. 92.
[3] Vgl. ebd., S. 95–96.
[4] Diese Aufwertung stand im Zusammenhang mit einer Aufwertung sowohl von Sinnlichkeit als auch von Bildlichkeit (vgl. ebd., S. 91–92).
[5] Diese Form der Disziplinierung war und ist, so Schulte-Sasse, die Kehrseite eines chronologischen, auf Entwicklung ausgerichteten Zeitbegriffs (ebd., S. 101).

https://doi.org/10.1515/9783110645545-001

(SFB) 1199 „Verräumlichungsprozesse unter Globalisierungsbedingungen" hier relevant.

Im folgenden Text, der Ergebnis einer interdisziplinären Zusammenarbeit im SFB ist, soll der für die Arbeit des Sonderforschungsbereichs konstitutive Begriff „Imaginationen" aus geographischer, kultur- und literaturwissenschaftlicher Perspektive untersucht werden. Mit unserem Fokus auf Imaginationen wollen wir die Bedeutung schöpferischer und genuin ästhetischer Zugänge zur Welt hervorheben, die nicht nur in den Künsten, sondern auch für politische, sozio-ökonomische und wissenschaftliche Praktiken eine zentrale Rolle spielen.[6] Wie Imaginationen mit den für den SFB grundlegenden Konzepten von Verräumlichung, Raumformaten und Raumordnungen zusammenhängen, stellen wir im folgenden Abschnitt dar. Anschließend beleuchten wir verschiedene disziplinäre Perspektiven auf Raumimaginationen. Schließlich zeigen wir an drei Beispielanalysen, wie sich diese unterschiedlichen Zugänge in der Analyse konkreter Phänomene und Texte niederschlagen.

---

6 Das Ästhetische ist in diesem Sinne keine Eigenschaft eines bestimmten Objekts, sondern eine mögliche Funktion eines Objekts, die von der Betrachtungsweise abhängt. Vgl. W. Fluck, „Imaginary Space; or, Space as Aesthetic Object", in: K. Benesch und K. Schmidt (Hg.), *Space in America: Theory – History – Culture*, Amsterdam: Rodopi, 2005, S. 25–40, hier S. 26.

2 Die Rolle von Imaginationen im SFB 1199

Der SFB 1199 arbeitet, wie das heuristische Modell in Abbildung 1 zeigt, mit drei zueinander ins Verhältnis gesetzten Grundbegriffen: Verräumlichungen, Raumformate und Raumordnungen.

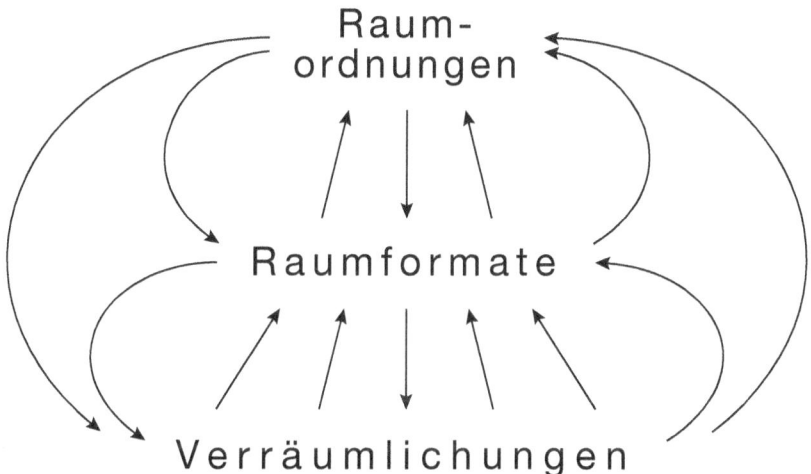

Heuristisches Modell des SFB 1199

IfL 2019
Autorin: U. Wardenga
Grafik: R. Schwarz, T. Balcke

Wir gehen in idealtypischer Weise davon aus, dass die Herstellung von „Räumen" unter modernen Globalisierungsbedingungen seit Mitte des 18. Jahrhunderts durch einen dreistufigen Prozess geprägt ist, der empirisch beobachtet werden kann.[1] Aus vergleichsweise vielen Verräumlichungen zahlloser Akteur_innen entstehen Raumformate. Globale oder großregionale Raumordnungen bauen sich wiederum aus historisch und regional spezifischen Mischungen von unterschiedlichen Raumformaten auf. Man kann also, so unsere Annahme, die sich mittlerweile durch die empirischen Untersuchungen des SFB bestätigt hat, zu-

---

[1] Vgl. zum Folgenden auch M. Middell, *Raumformate – Bausteine in Prozessen der Neuverräumlichung* (= Working paper series des SFB 1199 an der Universität Leipzig, Nr. 14), Leipzig: Leipziger Universitätsverlag, 2019.

https://doi.org/10.1515/9783110645545-002

nächst vergleichsweise viele Verräumlichungen beobachten, die von unterschiedlichen Akteur_innen getragen werden. Einige dieser Verräumlichungen sind aus Gründen, die der SFB im synchronen und diachronen Wandel eingehend untersucht, jedoch erfolgreicher als andere. Denn ihr spezifischer Modus der Verräumlichung wird zum Vorbild und findet deshalb Nachahmer. Dergestalt werden unter Globalisierungsbedingungen machtvolle Raumformate etabliert; dazu gehören z. B. *empire*, „Nationalstaat", „imperialer Ergänzungsraum" oder „Region". Kennzeichnend für alle diese Raumformate ist, dass sie historisch und regional wandelbare, jedoch immer jeweils strukturierte implizite Handlungsanweisungen darüber enthalten, was Akteur_innen in welchen Handlungszusammenhängen wie am besten verräumlichen sollen. Im Unterschied zu bloßen Verräumlichungen haben Raumformate deshalb bereits einen Prozess der Verdichtung und Verstetigung durchlaufen, so dass gilt: Es lassen sich immer mehr Verräumlichungen als Raumformate empirisch beobachten.

Einmal durch Routinisierung herausgebildet und anerkannt, fungieren Raumformate immer auch als ein Rahmen für weitere gegenwärtige und zukünftige Verräumlichungen. Verräumlichungen und Raumformate stehen deshalb in einem direkten Zusammenhang der Kontextualisierung – das symbolisiert der beide Begriffe verbindende abwärts gerichtete Pfeil auf der linken Seite des Modells. Eine wichtige Folge der Relation von Raumformaten und Verräumlichungen besteht darin, dass die potenziell mögliche Anzahl unterschiedlicher Verräumlichungen (wahrscheinlich sogar ziemlich stark) deshalb eingeschränkt wird, weil sich im Laufe der Zeit rekursive Schleifen herausbilden, da Raumformate ja als Ergebnisse einer bereits stattgefundenen erfolgreichen Durchsetzung bestimmter Modi der Verräumlichung zu interpretieren sind.

Raumordnungen, so die Hypothese des SFB, entstehen wiederum als Produkt einer Kombination von unterschiedlichen Raumformaten. Raumordnungen sind deshalb eher langlebig, aber auch stets umkämpft. Eine einmal durchgesetzte Raumordnung kann durch die Etablierung rekursiver Schleifen die Persistenz der sie aufbauenden Raumformate weiter verstärken – das symbolisiert der beide Begriffe verbindende abwärts gerichtete innere Pfeil auf der linken Seite des Modells. Existente, empirisch beobachtbare Raumordnungen können ihrerseits wiederum aber auch direkten Einfluss auf Verräumlichungen ausüben, weil sie ja aus Kombinationen von Raumformaten bestehen, und damit auch deren routinisierte Modi von Verräumlichungen implizit mitschleppen – das symbolisiert der abwärts gerichtete äußere Pfeil auf der linken Seite des Modells.

Wenn nun aber erstens gilt: man kann stets mehr Verräumlichungen als Raumformate und wiederum stets mehr Raumformate als Raumordnungen beobachten, und wenn zweitens gilt: einmal herausgebildete Raumformate fungieren als Kontexte für Verräumlichungen, und einmal herausgebildete Raumordnungen darüber hinaus als Kontexte für Raumformate und Verräumlichungen, dann stellt sich bei so viel im Zeitverlauf erwartbarer Konvergenz und Verstetigung die Frage: Wodurch kommt überhaupt Bewegung ins Spiel?

Eine unserer Antworten lautet: durch Imaginationen! Denn offensichtlich können Imaginationen Evidenz herstellen und deshalb Modi und Praktiken von Verräumlichungen beeinflussen. Sie scheinen auch ein gewisses Potenzial zu besitzen, Komplexität zu reduzieren. Dies bewerkstelligen sie vor allem dadurch, dass sie mit Mustern arbeiten, die vergleichsweise einfach kommuniziert, erlernt und reproduziert werden können und dergestalt dann schließlich Blicke und Wahrnehmungen auf „die" Realität lenken.

Imaginationen helfen deshalb einerseits, das symbolisieren die nach oben weisenden inneren Pfeile auf der rechten Seite des Modells, dass bestimmte Modi von Verräumlichungen einen Konzeptcharakter annehmen und so die Herausbildung von Raumformaten und schließlich sogar neuer Raumordnungen unterstützen können. Auf diese Weise tragen Imaginationen zur Verdichtung und Verstetigung bei. Andererseits können sie aber auch als alternative Entwürfe dafür sorgen, dass sowohl existente Raumformate wie existente Raumordnungen fragil werden. Denn Imaginationen können nicht nur zur Herstellung von Ordnung und Dauer, sondern gleichermaßen auch zur Herstellung von Devianz und damit zur Veränderung beitragen, indem sie neue Experimentier- und Möglichkeitsräume schaffen. Die abwärts gerichteten Pfeile im Inneren des Modells symbolisieren diesen paradoxen, noch weitere eingehende Analysen erfordernden Zusammenhang.

Folgt man dem Hirnforscher Gerald Hüther, so haben Imaginationen – und mithin auch solche über Raum – eine gewaltige produktive Kraft, unabhängig davon, ob sie in der Wissenschaft, in der Kunst oder im Alltag generiert werden. In *Die Macht der inneren Bilder* stellt er fest, dass letztlich „[n]ichts weiter als nackte Bilder, bloße geistige Vorstellungen [...] die entscheidenden, die Menschheit bewegenden, die Menschheitsentwicklungen bestimmenden Kräfte" sind. Hüther fährt fort:

> Die historische Beweislast ist erdrückend: Soweit wir überhaupt nur zurückdenken können, haben Menschen offenbar innere Bilder über die Beschaffenheit ihrer äußeren Welt entwickelt und zur Gestaltung dieser Welt benutzt. Im Laufe der Menschheitsgeschichte zu unterschiedlichen Zeiten und unterschiedlichsten Bedingungen in den Gehirnen einzelner Menschen erst einmal entstanden, haben bestimmte Visionen und Ideen als individuelle und kollektive Leitbilder die bisherige Lebens- und Weltgestaltung der Menschen auf dieser Erde bestimmt.[2]

---

2 G. Hüther, *Die Macht der inneren Bilder: Wie Visionen das Gehirn, den Menschen und die Welt verändern*, Göttingen: Vandenhoeck & Ruprecht, 2004, S. 10.

Hüther bezieht sich dabei nicht nur auf Wissenschaftler_innen und Entdecker_innen, sondern verweist auch auf die Möglichkeiten von Schriftsteller_innen und Künstler_innen, neue Imaginationen in Menschen auszulösen, damit existente Vorstellungen „zu öffnen" und so auch kollektive Vorstellungen von Welt und letztlich von „Raum" (mit) zu prägen.[3]

Imaginationen als geistige Bilder und Vorstellungen materialisieren sich in unterschiedlichen Medien und Praktiken – in Karten, in Erlebniswelten, in Texten und Kunstwerken. In ihrer materialisierten Form können sie intersubjektiv wirksam werden. Jede dieser Darstellungsformen weist Eigenheiten auf, die die Art und Weise der Manifestation von Imaginationen und ihre Wirkung beeinflussen. Ein interdisziplinärer Zugang zu Raumimaginationen scheint daher hochproduktiv. Hier zeigt sich die Stärke der Kunst-, Literatur- und Kulturwissenschaften ebenso wie der *visual culture studies* und der *critical cartography*, die mit ihren jeweiligen Analyseinstrumenten und fachspezifischen Einsichten Aufschlüsse über die unterschiedlichen Dimensionen der imaginationsgeleiteten Konstruktion von Raum in verschiedenen Medien und Praktiken und über die Wirksamkeit von Raumimaginationen in ihren jeweiligen gesellschaftlichen Kontexten bringen können. Nicht zuletzt ist dabei auch ein Mehrwert für die Untersuchung von Imaginationen in anderen gesellschaftlichen Bereichen wie Politik oder Wirtschaft zu erwarten, was die Relevanz der hier vorgestellten disziplinären Perspektiven für den SFB verdeutlicht.

---

[3] Ebd., S. 134.

3 Disziplinäre Perspektiven auf Raumimaginationen

Wo liegen die Interferenzen zwischen wissenschaftlich-geographischen, lebensweltlich-alltagskulturellen und künstlerisch-literarischen Raumvorstellungen? An dieser Stelle wollen wir ausloten, welchen Stellenwert Raumimaginationen in der Geographie, den Kulturwissenschaften und der Literaturwissenschaft einnehmen, welche Kulturtechniken des Imaginierens dabei sichtbar werden, und welche kulturelle Arbeit solche Imaginationen verrichten. Dabei sollen auch die Berührungspunkte und Synergien zwischen den Disziplinen im Hinblick auf eine interdisziplinäre Diskussion von Raumimaginationen deutlich werden.

Tanja Michalsky hat in einem Essay über Interferenzen in den Diskursen von Geographie und Malerei darauf verwiesen, dass Raumbilder, unabhängig davon, ob es sich um künstlerische oder wissenschaftliche (z. B. Karten) handelt, immer „historisch und medial imprägniert" sind, dass Raum also niemals „neutral beschrieben werden kann, sondern in jedem Fall eine Angelegenheit von Beziehungen ist". Herauszufinden, welche das sind, so Michalsky, „ist die Aufgabe von Einzelanalysen".[1] Während der Konstruktionscharakter und die kulturelle Kodierung von Raumrepräsentationen – seien es Karten oder erdachte Räume in der Populärkultur und in Romanen – seit dem *spatial turn* disziplinübergreifend akzeptiert sind, erweisen sich die Zugänge zu Imagination und Raum in den einzelnen Disziplinen als durchaus unterschiedlich.

Für die **Geographie** ist „Raum" seit dem ausgehenden 19. Jahrhundert *der* zentrale fachkonstitutive Begriff. Im Zusammenspiel mit der für die Moderne grundlegenden Kulturtechnik des Kartierens entwickelte sich eine akademische Disziplin, die ihre Forschungsgegenstände zunehmend visuell konstituierte und die entsprechenden Ergebnisse durch Texte, Karten, Diagramme und Bilder zur Anschauung brachte. Geograph_innen sind deshalb in besonderem Maße mit der wissenschaftlich-technischen Herstellung und Anwendung von Imaginationen befasst. Dabei lassen sich drei Hauptphasen unterscheiden: Leitmedium der ersten Phase sind Karten, die in den frühneuzeitlichen Prozessen der Territorialisierung zunehmend an Bedeutung gewannen. Im Kontext der Herausbildung der *global condition* im 19. Jahrhundert etablierte sich in der Geographie durch Karten eine Form von Imagination, die, nach zunehmend normierten Konventionen er-

---

[1] T. Michalsky, „Raum visualisieren: Zur Genese des modernen Raumverständnisses in Medien der Frühen Neuzeit", in: A. Geppert u. a. (Hg.), *Ortsgespräche: Raum und Kommunikation im 19. und 20. Jahrhundert*, Bielefeld: Transcript, 2005, S. 287–310, hier S. 310.

stellt, auf einem komplexen Gerüst gemessener Daten basierte. Die Kunst, Karten sachgerecht lesen und als Trägerinnen geographischer Informationen auswerten zu können, muss bis heute weltweit jede neue Generation (mit mehr oder minder großer Begeisterung) im Erdkundeunterricht lernen.

Der durch den Schulunterricht etablierte massenhafte Gebrauch von Karten führte vor dem Hintergrund einer zunehmenden Ästhetisierung um 1900 in der wissenschaftlichen Geographie zu einem Prozess der Verbildlichung des Forschungsgegenstands. Dafür steht der Landschaftsbegriff als Sinn-Bild eines scheinbar a priori vorhandenen harmonischen und als räumliche Substanz erlebbaren Zusammenhangs von Mensch und Natur. Erst in den letzten drei Jahrzehnten hat das Fach international begonnen, die Folgen seiner raumbezogenen Herstellungs- und Visualisierungspraktiken im Kontext eines breiten *cultural turn* zu reflektieren. Dafür stehen verschiedene Varianten von *critical geographies*, die die schon seit den 1920er Jahren bestehenden transdisziplinären Austauschprozesse mit den Sozial- und Kulturwissenschaften nochmals erheblich verstärkt und vor allem eines verdeutlicht haben: Räume sind nicht, sondern sie werden gemacht!

In den **Kulturwissenschaften** hat spätestens seit dem *spatial turn* der 1990er Jahre eine intensive Beschäftigung mit Raum und Verräumlichungsprozessen eingesetzt.[2] Die inter- und transkulturell ausgerichteten Kulturwissenschaften interessierten sich dabei insbesondere für Kontaktzonen und den „Third Space" und mithin für Orte der Begegnung, an denen vermeintlich klare Abgrenzungen zwischen Nationen und Kulturen zur Disposition standen und Verflechtungen und Transferprozesse in den Fokus gerieten.[3] Doch auch Erinnerungs- und Wissensräumen sowie Heterotopien widmeten sich zahlreiche Studien.[4] Neben der Bedeutung von *Raumdiskursen* für die soziale Konstitution von Räumen wurden zunehmend auch die *Raumpraktiken* der (historischen und zeitgenössischen) Akteur_innen in den Blick genommen und deren „Nutzungen" und „Umnutzungen" von Räumen betrachtet.[5]

Die **Literaturwissenschaft** beschäftigt sich mit Räumen als Bestandteil fiktionaler Welterzeugung, wobei imaginierte Räume geschaffen werden, die nicht

---

2 Für einen Überblick über die Vielfalt der raumtheoretischen Perspektiven siehe S. Günzel, *Raum: Eine kulturwissenschaftliche Einführung*, Bielefeld: Transcript, 2017.
3 M.L. Pratt, *Imperial Eyes: Travel Writing and Transculturation*, London: Routledge, 1992; E.W. Soja, *Postmodern Geographies: The Reassertion of Space in Critical Social Theory*, New York: Verso, 1989.
4 H. Füller und B. Michel (Hg.), *Die Ordnung der Räume: Geographische Forschung im Anschluss an Michel Foucault*, Münster: Westfälisches Dampfboot, 2012.
5 S. Rau, *Räume: Konzepte, Wahrnehmungen, Nutzungen*, Frankfurt a.M.: Campus, 2013, S. 183.

zwingend auf realweltliche Räume referieren müssen. Literarische Räume sind Resultate vorwiegend sprachlicher Bedeutungskonstitution[6], wobei literarische Texte den außerliterarischen Raum nicht einfach widerspiegeln, sondern ihn vielmehr neu imaginieren und modellieren.[7] Dabei ist die Heterogenität von Räumlichkeit[8] ein besonders produktives Merkmal literarischer Texte, die – anders als stärker funktional ausgerichtete Texte – nicht darauf zielen, dem Raum „ein ganz bestimmtes Wissen oder eine ganz bestimmte Art der Ordnungsstiftung abzuringen – ihn also interessiert zu ‚homogenisieren'".[9]

Obwohl also eindeutige Tendenzen zur Konvergenz von Fragestellungen vorhanden sind, gibt es erhebliche, gleichwohl fruchtbare Unterschiede in den Herangehensweisen der einzelnen Disziplinen an das Thema „Raumimaginationen". Sie werden im Folgenden detaillierter dargestellt.

Geographie

Visualisierungen im Medium von Karten

Karten wurden seit den 1850er Jahren im Kontext einer zunächst von Europa ausgehenden „explorativen Entschleierung" der Welt zu zentralen soziotechnischen Artefakten für die Aneignung und Durchherrschung von Räumen.[10] Dabei fungierten sie – speziell im Kontext der breit angelegten Arbeiten von weltweit über 100 Geographischen Gesellschaften – als wichtige Instrumente der Herstellung von Einheit und Konsens einer sich mehr und mehr auf die Erdoberfläche konzentrierenden, vorwiegend naturwissenschaftlich-technisch ausgerichteten geowissenschaftlichen Forschung. Jüngere Arbeiten haben gezeigt, dass sich die

---

6 R. Lüdeke, „Formationen literarischer Raumgeschichte", in: J. Dünne und A. Mahler (Hg.), *Handbuch Literatur und Raum*, Berlin: De Gruyter, 2015, S. 285–298, hier S. 285.
7 D. Müller und J. Weber, „Einleitung: Die Räume der Literatur: Möglichkeiten einer raumbezogenen Literaturwissenschaft", in: Dies. (Hg.), *Die Räume der Literatur: Exemplarische Zugänge zu Kafkas Erzählung „Der Bau"*, Berlin: De Gruyter, 2013, S. 1–22, hier S. 8.
8 M. Ott, „Raum", in: K. Barck u. a. (Hg.), *Ästhetische Grundbegriffe*, Bd. 5, 2003, S. 113–149, hier S. 147.
9 J. Dünne und A. Mahler, „Einleitung", in: Dies. (Hg.), *Handbuch Literatur und Raum*, S. 1–12, hier S. 4.
10 Vgl. hierzu mit umfangreichen weiteren Literaturverweisen B. Schelhaas und U. Wardenga, „‚Die Hauptresultate der Reisen vor die Augen zu bringen' – oder: wie man Welt mittels Karten sichtbar macht", in: Chr. Berndt und R. Pütz (Hg.), *Kulturelle Geographien: Zur Beschäftigung mit Raum und Ort nach dem Cultural Turn*, Bielefeld: Transcript, 2005, S. 143–166.

Herstellung von Karten im Sinne Latours[11] als iterativer Prozess der Selektion und Reduktion eines komplexen Ausgangsmaterials von Beobachtungen sowie einer anschließenden Rekombination, Verknüpfung und Verdichtung der gewonnenen Fragmente in der Logik eines nun ausschließlich auf das Produkt der Karte ausgerichteten Visualisierungsprozesses beschreiben lässt.[12] Einige der sich rasch zu *global playern* entwickelnden Kartenverlage wie z.B. der Verlag Justus Perthes in Gotha werteten nicht nur akribisch das in den Zeitschriften von Geographischen Gesellschaften kommunizierte Daten- und Faktenmaterial aus, um Karten herzustellen. Sie schulten auch Forschungsreisende im Gebrauch von Messinstrumenten und sorgten so dafür, dass deren Beobachtungen mehr und mehr kartographierbare Daten, wie z.B. Angaben über Lage, Richtung, Entfernung, Höhen- und Reliefverhältnisse sowie über die Häufung, Streuung und Linienverläufe hydrographischer, vegetationsbezogener und anthropogener Sachverhalte enthielten. Bereits in den 1860er Jahren lässt sich daher eine enge Verbindung von geographischen Geländebeobachtungen und Praktiken der Kartenaufnahme und Kartenherstellung nachweisen.[13]

Spätestens seit dem letzten Drittel des 19. Jahrhunderts erfüllten Karten in der nun an Hochschulen institutionalisierten Geographie nicht bloß illustrative Funktionen. Kartierung (und damit Visualisierung von gemessenen Daten) wurde vielmehr zum konstitutiven Element geographischer Forschungs- und Lehrpraxis. Karten trugen nicht nur erheblich zur Ordnung von disparatem geographischem Wissen bei. Sie formten es auch, weil sie bereits im Studium als Hilfsmittel und Medien einer fachspezifischen „Schule des Sehens" eingesetzt wurden. Was mit und durch Karten zu „sehen" geübt worden war (wie z.B. Reliefverhältnisse, Gewässernetze, Formen der Bodenbedeckung durch Vegetation, Größe und Verteilung von Siedlungen, Verkehrsnetze) erwies sich schließlich auch im Gelände als beobachtungsfähig und beobachtungswürdig. Mit anderen Worten: die Verwissenschaftlichung der Geographie wurde letztlich durch das soziotechnische

---

[11] B. Latour, „Der Pedologenfaden von Boa Vista: Eine photo-philosophische Montage", in: H.-J. Rheinberger u.a. (Hg.), *Räume des Wissens: Repräsentation, Codierung, Spur*, Berlin: De Gruyter, 1997, S. 213–264.
[12] B. Schelhaas und U. Wardenga, „‚Inzwischen spricht die Karte für sich selbst': Transformationen von Wissen im Prozess der Kartenproduktion", in: S. Siegel und P. Weigel (Hg.), *Die Werkstatt des Kartographen: Materialien und Praktiken visueller Welterzeugung*, München: Fink, 2011, S. 89–107.
[13] K. Jahn und U. Wardenga, „Wie Afrika auf die Karte kommt: das Beispiel Georg Schweinfurth", in: G. Castryck, S. Strickrodt und K. Werthmann (Hg.), *Sources and Methods for African History and Culture: Essays in the Honour of Adam Jones*, Leipzig: Leipziger Universitätsverlag, 2016, S. 137–161.

Artefakt der Karte vorangetrieben.[14] Das galt nicht nur für die sich herausbildenden Beobachtungschemata der Erfassung von „geographischen" Tatsachen vor Ort, sondern auch für das Fach insgesamt. Bereits in den 1880er Jahren entwarf der später international führende Theoretiker der Geographie, Alfred Hettner, eine Fachsystematik, die implizit mit unterschiedlichen Maßstabsstufen arbeitete und die Logiken des auf Karten Darstellbaren und Dargestellten zum Forschungs- und Lehrprogramm einer nunmehr als „Raumwissenschaft" beschriebenen Geographie erhob.[15] Ihr signifikantestes Kennzeichen bestand darin, dass sie die Erde als einen Komplex maßstäblich gestufter Räume erklärend zu beschreiben und dabei nach möglichst linear ausgeprägten Grenzen suchte. Die als „Länder" bezeichneten Räume auf den unteren Maßstabsstufen erschienen deshalb (ähnlich wie die sich zeitgleich herausbildenden Nationalstaaten) als territorialisierte Container.

Verbildlichung im Medium von Landschaftssemantiken

Insbesondere der Gebrauch von topographischen Karten und Atlanten trainierte den geographischen Blick auf die Wahrnehmung von Zusammenhängen der physisch-materiellen Welt. Kernfragen waren z. B.: Wie bestimmt das Relief das Gewässernetz und dieses wiederum die Herausbildung von Oberflächenformen und Böden? Welche Varianzen entstehen durch das Klima? Welche Voraussetzungen werden dadurch wiederum für menschliche Nutzungen wie z. B. Siedlung, Wirtschaft und Verkehr geschaffen? Bereits vor dem Ersten Weltkrieg lässt sich in der internationalen Geographie deshalb ein Trend feststellen, kleinere Ausschnitte aus der Erdoberfläche mehr und mehr als einen bildlich fixierten relationierten Gesamtzusammenhang wahrzunehmen. Zentral war hierfür der Begriff der „Landschaft" (*landscape/paysage*).[16] Mit ihm begann seit der Zwischenkriegszeit in der internationalen Hochschulgeographie eine stark historisch ge-

---

14 U. Wardenga, „Kartenkonstruktion und Kartengebrauch im Spannungsfeld von Kartentheorie und Kartenkritik", in: A. Hüttermann u. a. (Hg.), *Räumliche Orientierung, Karten und Geoinformation im Unterricht*, Braunschweig: Westermann, 2012, S. 134–143.
15 U. Wardenga, *Geographie als Chorologie: Zur Genese und Struktur von Alfred Hettners Konstrukt der Geographie*, Stuttgart: Steiner, 1995.
16 Vgl. zusammenfassend mit umfangreicher Verarbeitung zeitgenössischer Quellen H.-D. Schultz, *Die deutschsprachige Geographie von 1800 bis 1970: Ein Beitrag zur Geschichte ihrer Methodologie*, Berlin: Selbstverlag des Geographischen Instituts der Freien Universität Berlin, 1980.

prägte regionalistische Raumsemantik zu dominieren.[17] Sie kann, wie die Forschungen des SFB zeigen, als Versuch gelesen werden, Antworten auf die nach dem Ersten Weltkrieg etablierten neuen Raumordnungen zu geben.

Denn durch den nun zentral werdenden Begriff der Landschaft entwickelte sich ein neuer, ästhetisch gesteuerter Blick auf Räume. Er konstituierte eine Wahrnehmung, die Ausschnitte aus der Erdoberfläche als (mehr oder minder) gelungene Anpassungsverhältnisse menschlicher Kulturen an Gegebenheiten des jeweiligen Naturraums lesbar machte. Zentraler Bezugspunkt wurde dabei die von Menschen bei der Umgestaltung von Natur verrichtete Kulturarbeit. Sie konnte sowohl im Laufe der Zeit als auch in unterschiedlichen Gebieten verschiedene Formen und Muster von Raumgestaltung und Raumnutzung annehmen. Dabei dominierte bis in die 1960er Jahre hinein eine Forschungsperspektive, die menschliche Kulturen als Ausdruck einer asymmetrisch aufgebauten und global angewandten Kulturstufenlehre interpretierte[18], aus der heraus sich dann noch in den 1980er Jahren mit großem didaktischem Erfolg unterschiedliche „Kulturerdteile" ableiten ließen.[19]

Auf der Maßstabsebene des eigenen Nationalstaats erzeugte der Landschaftsbegriff eine auf Kleinteiligkeit ausgerichtete Wahrnehmung. Hier gingen Geograph_innen vom fraglos vorhandenen, weil ja innerhalb des Paradigmas umstandslos „sichtbaren" Landschaftsbild aus und interpretierten dessen materielle Strukturen als Mosaik der von Menschen umgestalteten materiellen Welt. Dabei ergab sich eine Gleichzeitigkeit des Ungleichzeitigen: Das gegenwärtig zu beobachtende räumliche Nebeneinander z. B. differenter Siedlungs- und Flur-

---

17 Vgl. G. Hard, *Die „Landschaft" der Sprache und die „Landschaft" der Geographen*, Bonn: Dümmlers in Komm., 1970.
18 Vgl. A. Hettner, *Der Gang der Kultur über die Erde*, Leipzig: B.G. Teubner, 1929; H. Schmitthenner, *Lebensräume im Kampf der Kulturen*, Heidelberg: Quelle und Meyer, 2. verb. und erw. Auflage, 1951; sowie H. Bobek, „Die Hauptstufen der Gesellschafts- und Wirtschaftsentfaltung in geographischer Sicht", *Die Erde* 90 (1959) 3, S. 259–298, der das zeitliche Nacheinander von Kulturen in ein räumliches Nebeneinander übersetzte.
19 Vgl. hierzu A. Kolb, „Die Geographie und die Kulturerdteile", in: A. Leidlmair (Hg.), *Herrmann v. Wissmann-Festschrift*, Tübingen: Selbstverlag des Geographischen Instituts, 1962, S. 42–49; die daraus entwickelte, für den Unterricht an Schulen überaus erfolgreiche Variante von J. Newig, „Drei Welten oder eine Welt: Die Kulturerdteile", *Geographische Rundschau* 38 (1986) 1, S. 66–70; sowie S.P. Huntington, *The Clash of Civilizations and the Remaking of World Order*, New York: Simon & Schuster, 1996; und die Rückübersetzung in die Geographie durch E. Ehlers, „Kulturkreise – Kulturerdteile – Clash of Civilizations: Plädoyer für eine gegenwartsbezogene Kulturgeographie", *Geographische Rundschau* 48 (1996) 6, S. 338–344.

formen ließ sich vergleichsweise einfach in das zeitliche Nacheinander unterschiedlicher Phasen der Kulturlandschaftsentwicklung übersetzen.[20]

Die über den Landschaftsbegriff transportierte Verbildlichung der geographischen Imagination erzeugte eine in hohem Maße ideologisch aufladbare regionalistische Geographie[21], die die bereits vorhandenen theoretischen und methodologischen Reflexionen über Probleme der Regionalisierung und damit der Herstellung von Räumen nahezu vollständig aus den Augen verlor. Das war durchaus folgerichtig. Denn für die als Bild in ihrer konkreten und komplexen dinglichen Fülle wahrgenommene „Landschaft" schien eine reflexive Distanzierung überflüssig, weil Landschaft als individueller Raum ja immer schon „da" zu sein schien. Wo schließlich seit den 1960er Jahren versucht wurde, den Begriff der Landschaft theoriegrundiert systematisch zu fassen[22], entstanden überkomplexe scholastische Begriffssysteme mit kaum greifbarer Wirkung auf die Forschung. Von heute aus kann man sehen, dass die allermeisten Versuche, begriffsdefinitorisch endgültig zu klären, was denn nun „eigentlich" eine „Landschaft" sei, an der aus dem (naturwissenschaftlichen) Positivismus des 19. Jahrhunderts übernommenen Vorstellung krankten, dass man Räume direkt in der Realität beobachten könne. Die damit verbundene Ontologie verhinderte bis in die jüngste Zeit hinein, den (verbildlichten) Konstruktionscharakter geographischer Räume zum Gegenstand von Analysen zu machen.[23]

Kritische Geographien des *cultural turn*

Die Möglichkeit der Aufladung von imaginierten Räumen mit Ideologien und die damit oft einhergehende politische Instrumentalisierbarkeit hat erst die jüngere Forschung seit den 1980er Jahren im Zuge eines breiten *cultural turn* in der Hu-

---

20 Vgl. als ein Beispiel unter vielen M. Born, *Geographie der ländlichen Siedlungen*, Stuttgart: Teubner, 1977.
21 Vgl. H.-A, Heinrich, *Politische Affinität zwischen geographischer Forschung und dem Faschismus im Spiegel der Fachzeitschriften*, Gießen: Selbstverlag des Geographischen Institut der Justus Liebig-Universität Gießen, 1991.
22 Vgl. im Überblick Schultz, *Die deutschsprachige Geographie von 1800 bis 1970*; sowie als Quellensammlung K. Paffen (Hg.), *Das Wesen der Landschaft* (=Wege der Forschung, Nr. 39), Darmstadt: Wissenschaftliche Buchgesellschaft, 1973; und als explizites Beispiel J. Schmithüsen, *Was ist eine Landschaft?*, Wiesbaden: Steiner, 1964.
23 Siehe aber als eines von vielen Beispielen für die neuere Re-Interpretation des Landschaftsbegriffs D. Cosgrove und S. Daniels (Hg.), *The Iconography of Landscape: Essays on the Symbolic Representation, Design and Use of Past Environments* (= Cambridge Studies in Historical Geography, Nr. 9), Cambridge: Cambridge University Press, 1988.

mangeographie kritisch beschrieben.[24] Dabei lassen sich drei unterschiedliche, einander allerdings überlappende, zunehmend auch interdisziplinär debattierte Zugänge unterscheiden.

In einer ersten Phase wurden – angestoßen durch eine breite Rezeption von Saids *Orientalism*[25] und einer darauf aufbauenden umfangreichen Rezeption der Arbeiten von Foucault zur diskursiven Struktur der Erzeugung von Wirklichkeit – der imaginative Charakter geographischer Forschungs- und Lehrpraktiken und die damit zusammenhängenden problematischen Vermischungen von Phantasie und Einbildungskraft kritisiert. Innerhalb weniger Jahre entwickelte sich in der Humangeographie ein breiter Forschungszusammenhang, der den geographischen Blick als Teil eines eurozentrischen, maskulin geprägten europäisch-nordamerikanischen, kolonialistischen, in höchstem Maße durch Begehren und Modi einer Menschen verachtenden machtasymmetrischen Weltaneignung des *othering* dekonstruierte.[26]

Eine zweite, etwas jüngere Variante stellt die *critical cartography* dar, die Herstellungsprozesse und Wirkungen von Karten analysierte und damit einen umfangreichen Prozess der Erosion moderner, an das Medium der Karte geknüpfter Gewissheiten einleitete. Wegweisend, und mittlerweile in breitem Umfang auch außerhalb der Geographie rezipiert, waren die Arbeiten von John Brian Harley[27], die in Rezeption Foucaultscher Gedanken gegen die in der Geographie weit verbreitete Auffassung materialreich argumentierten, dass der Prozess des Kartenmachens angeblich frei von subjektiven Entscheidungen und Werturteilen sei. Die von Harley mit Foucault diskutierte machttechnologische und auf Kontrolle gerichtete Auflaufung von Karten war auch Gegenstand der theoretisch teilweise abweichend basierten Arbeiten z. B. von Denis Wood, Matthew Edney oder John Pickles.[28] Vor allem Jeremy Crampton hat in zahlreichen Arbeiten den selbstreferentiellen Charakter der traditionellen Kartographie herausgestellt und

---

24 Vgl. D. Bachmann-Medick, *Cultural Turn: Neuorientierungen in den Kulturwissenschaften*, Reinbek bei Hamburg: Rowohlt, 2006.
25 Vgl. E.W. Said, *Orientalism*, New York: Random House, 1978; sowie als wichtigster Aufsatz in der Geographie D. Gregory, „Imaginative Geographies", *Progress in Human Geography* 19 (1995) 4, S. 447–485.
26 Vgl. im Überblick D. Gregory, „Geographical Imagination", in: Ders. u. a. (Hg.), *The Dictionary of Human Geography*, 5. Aufl., Malden, MA: Wiley-Blackwell, 2009, S. 282–285.
27 J.B. Harley, „Deconstructing the Map", *Cartographica* 26 (1989) 2, S. 1–20.
28 D. Wood, *The Power of Maps*, London: Routlegde 1993; M.H. Edney, „Cartography without ‚Progress': Reinterpreting the Nature and Historical Development of Map-making", in: *Cartographica* 30 (1993) 2–3, S. 54–68; J. Pickles, *A History of Spaces: Cartographic Reason, Mapping and the Geo-coded World*, New York: Routledge, 2004; im Überblick M. Dodge, R. Kitchin und C. Perkins (Hg.), *Rethinking Maps*, New York: Routledge, 2009.

umfangreiche epistemologische Reflexionen angemahnt.[29] Sie alle haben das Wissen darüber geschärft, dass es nicht einen einzigen, richtigen und objektiven Weg sowohl des Machens als auch des Gebrauchens von Karten geben kann.

Bleibt eine dritte Variante. Sie ist seit den 1980er Jahren nur durch gelegentliche Publikationen vertreten, beschäftigt sich mit der Bildlichkeit von Sprache und thematisiert deshalb die Rolle von Metaphern als Sprachbildern und den mit ihnen ggfs. auch verbundenen Mythen bzw. mythologischen Vorstellungen im Kontext geographischer Forschung. Anknüpfend an Arbeiten aus dem Bereich der *Humanistic Geography* lebt dieser Ansatz von Analysen, die zeigen, wie gerade in der teilweise hochgradig mit abstrakten Modellen und Theorien arbeitenden Geographie durch Metaphern immer wieder Anschauung hergestellt, neue Bedeutungshorizonte geschaffen und „l'infinie complexité du réel" reduziert wird.[30] Im Zentrum der einschlägigen, allerdings noch nicht systematisch durchgebildeten und theoretisierten Forschungen stehen derzeit „imaginaires géographiques" bzw. „geographical imaginaries".[31] Sie sind zwar Teil jener Praktiken, die auch „geographical imagination"[32] strukturieren, unterscheiden sich jedoch von den auf diskurstheoretischen Theoremen Foucaults aufbauenden „imaginative geographies"[33] durch dreierlei: Erstens durch ihren subjektbezogenen Zugang des „worlding"; zweitens durch ihr Potenzial, in und durch Beschreibung gegenwärtiger Realitäten des „spatial ordering and bordering" auch dessen (zukünftige) alternative Möglichkeiten aufzuzeigen und hierfür Modelle zu entwickeln; drittens durch ein Interesse für emotionale, affektive und sensitive Komponenten, die die Analyse von *imaginaires géographiques* jenseits bloß kognitiver Operationen zu einem Feld machen könn(t)en, das verborgenen Strukturen des taken-for-granted und seinen wesentlich durch Sprache vermittelten, bislang in der Geographie nur wenig untersuchten Effekten im Prozess der Globalisierung auf die Spur kommt.[34]

---

29 Z.B. J. W. Crampton, *The Political Mapping of Cyberspace*, Edinburgh: Edinburgh University Press, 2003; ders., *Mapping: A Critical Introduction to Cartography and GIS*, Oxford: Wiley-Blackwell, 2010; ders., „Cartographic Calculations of Territory", *Progress in Human Geography* 35 (2011) 1, S. 92–103.
30 B. Debarbieux, „Imagination et imaginaire géographiques", in: A. Bailly, R. Ferras und D. Pumain (Hg.), *Encyclopédie de Géographie*, Paris: Economica, 1995, S. 875–888, hier S. 880.
31 Vgl. G. Dematteis, *La metafore della Terra. La geografia umana tra mito e scienza*, Milano: Feltrinelli, 1985; D. Gregory, „Geographical Imagination", S. 282; B. Debarbieux, „Imaginaire géographique", in: J. Lévy und M. Lussault (Hg.), *Dictoinnaire de la Géographie*, Paris: Belin, 2003, S. 489–491.
32 Vgl. Gregory, „Geographical Imagination".
33 Vgl. Gregory, „Imaginative Geographies", *Progress*.
34 Ebd.

Dazu bedarf es einer tiefer gehenden Analyse von Metaphern in der Sprache von Geograph_innen sowie der mit Metaphern eng verbundenen Untersuchung von mythologischen Erzählungen, die sich in der historischen geographischen Literatur in erstaunlicher Anzahl finden lassen. Hier eröffnen sich Verbindungslinien zur Literaturwissenschaft und ihren Analysemethoden, ebenso wie zur kulturgeschichtlichen Mythenforschung. Mythen beruhen nach Meinung von Livingstone und Harrison auf metaphorischem Denken und können als „anticipated and expanded metaphors"[35] interpretiert werden. Geprägt von Glaubenssätzen über die Realität stellen sie Muster für menschliches Handeln bereit. Sie verwandeln das Unbekannte in Bekanntes, lindern Ängste, vermitteln, bestätigen und/oder erfinden „political messages"[36], und: Sie schaffen glaubhaft vermittelbare und schließlich geglaubte Ordnungen und Verbindungen in Situationen, in denen kollektiv geteilte Wünsche und Überzeugungen wichtig sind, bzw. wichtig werden. Mythologische Erzählungen erzeugen – so zeigt das in unseren Beispielanalysen interpretierte Imaginationsbeispiel aus der Geographie – mit Hilfe des eingelassenen „worlding" auf Dauer gestellte *géographies imaginaires*, die ihrerseits wiederum konstitutiv für eine überzeugende Kommunikation von Raumformaten und Raumordnungen werden können.

Kulturwissenschaften und Kulturgeschichte

In Folge des *spatial turn* nehmen Kulturwissenschaften und Kulturgeschichte neben den Diskursen über Raum insbesondere auch die Raumpraktiken der (historischen und zeitgenössischen) Akteur_innen in den Blick und analysieren deren „Nutzungen" und „Umnutzungen" von Räumen.[37] Raumhandeln, so der anfangs bereits skizzierte Ausgangspunkt unserer Überlegungen, basiert auf wirkmächtigen Raumimaginationen, die für Individuen und Kollektive den Handlungsrahmen abstecken, aber auch neuartige Zukunftsentwürfe ermöglichen. Relevant für unsere Forschungen sind insbesondere Raumimaginationen, die ein gewisses Maß an Institutionalisierung erfahren und über einen längeren Zeitraum hinweg die Wahrnehmung und Erfahrung von Räumen geprägt haben.

---

35 D.N. Livingstone und R.T. Harrison, „Meaning through Metaphor: Analogy as Epistemology", *Annals of the Asscociation of American Geographers* 71 (1981) 1, S. 95–107, hier S. 98; vgl. auch U. Wardenga, „Geographie als Brückenfach – oder: Arbeit am Mythos", *Entgrenzt* 1 (2011), S. 5–16.
36 M. Essebo, „A Mythical Place: A Conversation on the Earthly Aspects of Myth", *Progress in Human Geography* (online first), DOI: 10.1177/0309132518768426, S. 13.
37 Rau, *Räume*, S. 183. Siehe auch Bachmann-Medick, *Cultural Turn*.

Die kulturhistorische Forschung zu imaginären Räumen hat sich vor allem mit so genannten *mental maps* befasst, also mit kognitiven Karten, die weniger auf subjektive Selbstverortungen als vielmehr auf kollektive Raumvorstellungen hin untersucht werden. Einer der Auslöser für die seit den 1990er Jahren intensivierte Beschäftigung mit *mental maps* (wie für den *spatial turn* insgesamt) war sicherlich das Ende des Ost-West-Konflikts. Mit dem Umbruch 1989/90 wurde nicht nur die politische, sondern auch die räumliche Ordnung erschüttert. Die kognitiven „Landkarten" mussten neu formiert werden.

Das Konzept der *mental map* entstammt der Kognitionspsychologie und geht auf den US-amerikanischen Psychologen Edward C. Tolman (1886–1959) zurück, der sich nicht nur mit dem Orientierungssinn von Ratten, sondern auch mit Raumbildern im menschlichen Hirn befasst hat.[38] Kognitives Kartieren meint jene (geistigen) Fähigkeiten, „die es uns ermöglichen, Informationen über die räumliche Umwelt zu sammeln, zu ordnen, zu speichern, abzurufen und zu verarbeiten".[39] Die kulturhistorische Forschung fokussiert dabei stark normativ aufgeladene Raumvorstellungen wie „Europa", „den Westen" oder „den Balkan", die sich oftmals geographisch nicht klar eingrenzen lassen und den imaginären Überschuss bei Raumkonstruktionen besonders sichtbar machen. Während die Kognitionspsychologie und auch Teile der Geographie kognitive Karten vor allem auf ihre Orientierungsfunktion für Individuen im Raum hin untersuchen, geht es der kulturwissenschaftlichen und -historischen Forschung um die Frage,

> wie persönliche Raumvorstellungen durch kulturell vermittelte (Welt-)Bilder beeinflusst werden und wie kollektiv geteilte Repräsentationen einer – erfahrenen oder imaginierten – räumlichen Umwelt auf Prozesse kultureller Gemeinschafts- und Identitätsbildung zurückwirken.[40]

Räumliche Imaginationen und Repräsentationen werden mitsamt ihren normativen Aufladungen und ihrer handlungsleitenden Wirksamkeit „als eigene his-

---

38 E.C. Tolman, „Cognitive Maps in Rats and Men", *The Psychological Review* 55 (1948) 4, S. 189–208.

39 R.M. Downs und D. Stea, *Kognitive Karten: Die Welt in unseren Köpfen*, New York: Harper & Row, 1982, S. 23. Siehe auch K. Wagner, „Kognitiver Raum: Orientierung – Mental Maps – Datenverwaltung", in: S. Günzel (Hg.), *Raum: Ein interdisziplinäres Handbuch*, Stuttgart: Metzler, 2010, S. 234–249.

40 F.B. Schenk, „Mental Maps: Die kognitive Kartierung des Kontinents als Forschungsgegenstand der europäischen Geschichte", *Europäische Geschichte Online*, 5. Juni 2013, http://ieg-ego.eu/de/threads/theorien-und-methoden/mental-maps#Begriffsdefinitionmentalmapkognitive Landkarte (26. November 2018).

torische ‚Wirklichkeit' ernst genommen".[41] Für „den Balkan" hat dies eindrücklich Maria N. Todorova gezeigt.[42]

In den letzten Jahren hat sich die *mental maps*-Forschung vielfach mit den *border studies* verbunden, die sich mit Prozessen der – mentalen und realen – Grenzziehung und Grenzübertretung befassen und auf die Bedeutung von Grenzen für unser Verständnis des Sozialen hinweisen.[43] Mapping aber – und darauf richtet die kulturwissenschaftliche Forschung ihr besonderes Augenmerk[44] – dient nicht nur als Herrschaftsinstrument, sondern kann auch für die Entwicklung von antihegemonialen Strategien verwendet werden. Denn anders gestaltete Karten können Dinge sichtbar machen, die ansonsten kaum zum Gegenstand einer kritischen Erörterung würden. Ein Beispiel dafür ist das wissenschaftlich-künstlerische Projekt MigMap[45], das Karten erstellt, welche die Regulation von Migration in Europa thematisieren. Anders als die Vielzahl von Migrationskarten, die mit Hilfe riesiger Pfeile (zu) große Zuwanderungsbewegungen visualisieren und tendenziell immer den Eindruck einer Invasion vermitteln, schlägt MigMap einen anderen Weg ein, indem es die Produktion von Wissen über Migration und Formen der suprastaatlichen Zusammenarbeit wie der Finanzierung des Migrations- und Grenzregimes darstellt. Statt territoriale Grenzen zu reproduzieren, wird der „soziale[] Raum des Grenzregimes sichtbar" gemacht.[46] Deutlich wird mithin, dass es für Migration als umkämpftes (räumliches) Phänomen keine adäquate Repräsentationsstruktur gibt und auf einer jeden Karte das jeweils zugrundeliegende Wissen und die blinden Flecken reflektiert werden müss(t)en.

Für die kulturhistorische und kulturwissenschaftliche Beschäftigung mit Raumimaginationen in ihrer Historizität war insbesondere der Dialog mit der

---

41 Ebd.
42 M.N. Todorova, *Die Erfindung des Balkans: Europas bequemes Vorurteil*, Darmstadt: Primus, 1999.
43 Vgl. C. Rumford, „Introduction: Theorizing Borders", *European Journal of Social Theory* 9 (2006) 2, S. 155–169, hier S. 166. Für eine Verbindung von *border* und *boundaries studies*, um politisch-territoriale und sozial-symbolische Grenzziehungen gemeinsam untersuchen zu können, plädiert Hannes Krämer (siehe den Bericht über die Tagung „Komplexe Grenzen: Dimensionen – Dynamiken – Technologien" in Frankfurt (Oder), 3.–4. November 2016, https://www.hsozkult.de/conferencereport/id/tagungsberichte-6968 [26. November 2018]).
44 Für eine (Begriffs-)Reflexion des Mapping in den Kulturwissenschaften siehe B. Schmidt-Lauber und I. Zechner (Hg.), *Mapping* (= Zeitschrift für Kulturwissenschaften 1/2018).
45 http://www.transitmigration.org/migmap/ (26. November 2018). Das Projekt wird finanziert von der Kulturstiftung des Bundes, der Schweizer Kulturstiftung Pro Helvetia und dem Aargauer Kuratorium.
46 P. Spillmann, „Strategien des Mappings", in: Transit Migration Forschungsgruppe (Hg.), *Turbulente Ränder: Neue Perspektiven auf Migration an den Grenzen Europas*, Bielefeld: Transcript, 2007, S. 155–167, hier S. 156.

Neuen Kulturgeographie und hier vor allem mit dem Konzept der *imaginative geographies* von Bedeutung.[47] Neben den Politiken des Raumes geraten bei imaginären Geographien auch die Poetiken des Raumes in den Blick[48], was sie nicht nur für die interdisziplinäre Forschung hoch anschlussfähig macht, sondern auch auf die Verflechtung verschiedener (Raum-)Diskurse und Verräumlichungsprozesse verweist.[49] Historisch-spezifische Machtverhältnisse strukturieren diese „ideological landscapes"[50], welche die eminente Bedeutung von Imaginationen und Fiktionen – und damit immer auch ästhetischen Konstruktionen und Erfahrungen – für alle (auch als politisch gerahmte) Formen des Raumhandelns sichtbar machen.

Die Rolle des sozial konstituierten geographischen Imaginären ist nicht nur in der Geographie, sondern auch aus kulturwissenschaftlicher Perspektive aus mehreren Gründen interessant und ausbaufähig: Zum einen geraten über diese „topographies of desire"[51] wirkmächtige Ängste und handlungsleitende Begehrlichkeiten in den Blick, die es erlauben, Raumimaginationen und Raumhandeln auch jenseits rationaler Kalküle zu untersuchen. Zum anderen kann die Analyse nicht bei hochkulturellen Phänomenen stehenbleiben, denn gerade die Massenkultur, deren Bedeutung Kulturwissenschaften wie Cultural Studies immer wieder herausgearbeitet haben, spielt eine zentrale Rolle bei der Schaffung, Ausgestaltung und Verbreitung derartiger Raumimaginationen. Die Massenkultur markiert den Eintritt des Ästhetischen in den sozialen (Alltags-)Raum; sie lässt sich geradezu als Verkörperung der Ästhetisierung der Lebenswelt verstehen.[52] Der kulturwissenschaftliche Fokus auf Massenkultur(en) nimmt daher ästhetische Inszenierungen und die ästhetische Erfahrung von Räumen in den Blick. Neben literarischen Imaginationen/Repräsentationen spielen auch visuelle und thea-

---

47 Siehe Kap. Geographie in diesem Text.
48 Derek Gregory spricht von den „poetics and politics of space" (Gregory, „Imaginative Geographies", *Progress*, S. 455).
49 Literarizität, aber auch Politizität sind an ein je spezifisches *spacing* gebunden, wobei die „Eigentümlichkeit politischer Räume gerade in der Unsichtbarmachung ihrer lokalen Eingebundenheit", in der vorgenommenen Universalisierung, liege, so Tim Neu in seiner Rezension von B. Kümin (Hg.), *Political Space in Pre-industrial Europe*, Aldershot: Ashgate, 2009, https://www.hsozkult.de/publicationreview/id/rezbuecher-13310 (26. November 2018).
50 *Imaginative geographies* sind „[r]epresentations of other places – of people, landscapes, cultures and ‚natures' – that articulate the desires, fantasies and fears of their authors and the grids of power between them and their ‚Others'" (D. Gregory, „Imaginative Geographies", in: Ders. u.a (Hg.), *The Dictionary of Human Geography*, S. 369–371, hier S. 369–370).
51 Gregory, „Imaginative Geographies", *Progress*, S. 456.
52 Vgl. H. Bublitz, *In der Zerstreuung organisiert: Phantasmen und Paradoxien der Massenkultur*, Bielefeld: Transcript, 2005, S. 27.

trale Inszenierungen eine wichtige Rolle und vermehrt auch *sound-* und *smellscapes* – bis dato vernachlässigte Dimensionen imaginärer Geographien und anderer Raumimaginationen.

Literaturwissenschaft

Eine Beschäftigung mit der vielschichtigen Relation von Raum und fiktionaler Literatur ist seit Beginn des 20. Jahrhunderts fester Bestandteil der Literaturwissenschaft.[53] Theoretiker wie Michail Bachtin, Ernst Cassirer, Jurij Lotman und viele andere haben unterschiedliche Aspekte der Raumkonstitution in literarischen Texten erforscht. Das geschah aus ganz verschiedenen Perspektiven. So zielen Bachtins kultursemiotische Überlegungen zum Chronotopos auf den Zusammenhang von Raum und Zeit im Roman. Der Chronotopos bildet dabei das innere Orientierungssystem einer Erzählung in Zeit und Raum, die Raumbeziehungen, Schauplätze und zeitlichen Anordnungen der erzählten Welt. Bachtin untersucht die Imagination und künstlerische Inszenierung des Zeit-Räumlichen – so z. B. die Dehnung und Raffung von Zeiträumen – anhand von sinnstrukturierenden und in ihrer Symbolhaftigkeit konventionalisierten Chronotopoi wie „Schwellen", „Begegnungen", oder „Wendepunkten des Lebens", die Handlung und Zeit einer Erzählung lenken.[54] Jurij Lotmans Raumsemantik-Konzept dagegen stellt die räumliche Organisation der Erzählung in den Mittelpunkt. Sein strukturalistischer Ansatz geht davon aus, dass einzelne Zeichen, die nach semantischem Wert, linguistischer Struktur, Beschreibungs- und Beziehungsregeln kategorisiert und geordnet sind, die grundlegende Ausgangslage zur Raumkonstitution von Literatur und Kunst bilden. Innerhalb der erzählten Geschichte als Welt – dem semantischen Feld – sind sowohl topologische Lagerelationen wichtig (hoch-tief, links-rechts, innen-außen) als auch topographische Merkmale (Berg-Tal, Stadt-Provinz, Himmel-Hölle, Moskau-Petersburg) und semantische Gegensätze (gut-böse, vertraut-fremd, natürlich-künstlich etc.). Ausgehend von diesen semantischen Merkmalen und Regeln haben Texte mit Handlungen und Bedeutungen die Möglichkeit, durch Transgressionen der strukturellen Grenzen zwischen diesen Binarismen Unsicherheiten zu produzieren und damit die vorausgesetzte Ordnung historisch und sozial als „normal" angesehener Sinn-, Normen- und Wertsysteme einer Gesellschaft zu durchbre-

---

53 B. Neumann, „Raum und Erzählung", in: Dünne und Mahler (Hg.), *Handbuch Literatur und Raum*, S. 96–104, hier S. 96.
54 M. Bachtin, *Chronotopos*, Frankfurt a.M.: Suhrkamp, 2008.

chen.⁵⁵ Auch Ernst Cassirers philosophische Reflexionen zum „mythische[n], ästhetische[n] und theoretische[n] Raum" verweisen darauf, dass im ästhetischen Raum kein „bloßes passives Nachbilden der Welt" erfolgt, sondern dass die in ihm erfolgende *Darstellung* „ein neues Verhältnis, in das sich der Mensch zur Welt setzt"⁵⁶, signalisiert. Durch die Art und Weise der Darstellung wird der Raum zu etwas anderem, etwas Verschiedenem, und somit kann es auch gelingen, neue (Raum-)Vorstellungen zu generieren.⁵⁷

Neuere Raumkonzepte sind in die Literaturwissenschaft eingeflossen und haben – so durch die Thematisierung von Zwischenräumen und Kontaktzonen – strukturalistische Raumkonzepte dynamisiert. Dazu gehören z. B. Lefebvres Theorie einer „sozialen Produktion" des Raumes⁵⁸, Gaston Bachelards an der Phänomenologie orientiertes Konzept einer Poetik des Raumes⁵⁹, Foucaults zuerst in seinem Vortrag „Andere Räume" entwickeltes Heterotopiekonzept, das als ein „Gegenort" zu sozial etablierten Räumen fungiert⁶⁰, oder Marc Augés Konzept der „Non-Lieux".⁶¹ Aufgrund der typologischen Vielfalt möglicher Räume beklagt Ansgar Nünning die Unmöglichkeit, die Raumdarstellung in eine umfassende literaturtheoretische Systematik zu bringen.⁶² Immerhin lässt sich festhalten, dass die Literaturwissenschaft einen großen Reichtum an literaturanalytischen Verfahren und Instrumenten anbietet, mit denen Raumkonstitution in literarischen und nichtliterarischen, also auch geographischen, Texten erforscht werden kann. Während ein Großteil der literaturwissenschaftlichen Forschungen sich nach wie vor mit Strukturen und Funktionen von Raumkonstitutionen innerhalb literarischer Texte befasst, ist spätestens seit dem *spatial turn* auch der performative

---

55 J.M. Lotman, *Die Innenwelt des Denkens: Eine semiotische Theorie der Kultur*, Berlin: Suhrkamp, 2010.
56 E. Cassirer, „Mythischer, ästhetischer und theoretischer Raum", in: A. Ritter (Hg.), *Landschaft und Raum in der Erzählkunst*, Darmstadt: Wissenschaftliche Buchgesellschaft, 1975, S. 17–35, hier S. 26.
57 W. Jung, *Raumphantasien und Phantasieräume: Essays über Literatur und Raum*, Bielefeld: Aisthesis, 2013, hier S. 18.
58 H. Lefebvre, *The Production of Space*, Hoboken: Wiley-Blackwell, 1991.
59 G. Bachelard, *Poetik des Raumes*, Frankfurt a.M.: Fischer, 1987.
60 M. Foucault, „Andere Räume", in: K. Barck (Hg.), *Aisthesis: Wahrnehmung heute oder Perspektiven einer anderen Ästhetik; Essais*, 5., durchgesehene Auflage, Leipzig: Reclam, 1993, S. 34–46.
61 M. Augé, *Orte und Nicht-Orte: Vorüberlegungen zu einer Ethnologie der Einsamkeit*, Frankfurt a.M.: Fischer, 1994.
62 A. Nünning, „Formen und Funktionen literarischer Raumdarstellung: Grundlagen, Ansätze, narratologische Kategorien und neue Perspektiven", in: W. Hallet und B. Neumann (Hg.), *Raum und Bewegung in der Literatur: Die Literaturwissenschaften und der Spatial Turn*, Bielefeld: Transcript, 2009, S. 33–52, hier S. 34.

Beitrag literarischer Texte zur Konstitution kultureller Räume und Raumvorstellungen in den Blickpunkt gerückt[63] und damit auch die Frage nach den Wechselwirkungen von literarischer Raumkonstruktion und der Raumkonstitution außerhalb der Literatur.

Die Imagination in literarischen Texten spielt eine wichtige Rolle bei der Erzeugung von Raumvorstellungen, indem sie Räume und Raumpraktiken vorstellbar macht. Das Erzählen in literarischen Texten lässt sich in Anlehnung an Michel de Certeau auch als spielerische Raumpraktik beschreiben: De Certeaus performatives Raumverständnis geht von „gemachten" Räumen aus und beschreibt die „Spiele der Schritte" im urbanen Raum als kreative Raumpraxis, als „Gestaltungen von Räumen"[64], mit der imaginative Freiräume erschlossen werden können. Jörg Dünne vermutet daher, dass literarische Räume „eine konstitutive Funktion für die Herausbildung von Räumlichkeit überhaupt" haben könnten, insofern sie selbst „Kulturtechniken der Verräumlichung darstellen".[65] Er schlägt vor, „literarisch konstituierte Topographien nicht nur als RePräsentationen der bestehenden Welt [zu] verstehen, sondern umgekehrt die literarische Fiktion als Paradigma zur Konstitution von ‚Welt' schlechthin [zu] betrachten".[66]

Dabei kann der Literatur ein wesentlicher Anteil an der Entwicklung kollektiver Vorstellungen über Raum zukommen, gerade weil sie die Möglichkeit hat, im fiktionalen Text die Grenzen der „objektiven" Realität zu überschreiten.[67] Darüber hinaus können literarische Texte abstrakte Ideen in konkret erfahrbare Gestalt – z. B. imaginierte Landschaften – bringen. Damit können sie dazu beitragen, kollektive Imaginationen zu festigen und fortzuschreiben, aber eben auch, sie zu transformieren.[68] Literarische Imagination kann mithin kulturelle Vorstellungen von Räumen mitprägen, verfestigen oder unterlaufen; sie kann zur affektiven Aneignung von oder emotionalen Identifikation mit realen Räumen beitragen; sie kann kulturelle Raum- und Wissensordnungen und Raumformate verbreiten, stabilisieren, aber auch in Frage stellen. Folglich kann literarische Raumkon-

---

63 Neumann, „Raum und Erzählung", S. 102.
64 M. de Certeau, *Kunst des Handelns*, Berlin: Merve, 1988, S. 286.
65 J. Dünne, „Dynamisierungen: Bewegung und Situationsbildung", in: Dünne und Mahler (Hg.), *Handbuch Literatur und Raum*, S. 41–54, hier S. 45.
66 J. Dünne, „Geschichten im Raum und Raumgeschichte, Topologie und Topographie: Wohin geht die Wende zum Raum?", Vortragsmanuskript, *Dynamisierte Räume: Zur Theorie der Bewegung in den romanischen Kulturen: Beiträge der Tagung am Institut für Romanistik der Universität Potsdam*, 28. November 2009, S. 5–26, hier S. 21.
67 E. Wiegmann, „Externe Wirksamkeit literarischer Imagination: Überlegungen am Beispiel schweizerischer imagerie culturelle", *KulturPoetik* 16 (2016) 1, S. 26–48, hier S. 29.
68 Ebd.

struktion zum einen als Vehikel einer „ideologischen Verdichtung"[69] bestimmter kollektiver Selbstbilder, aber auch als ideologiekritisches Instrument und Generator alternativer Raumvorstellungen fungieren.

Die Erforschung des Einflusses literarischer Raumkonstruktionen auf die Wahrnehmung real begehbarer Räume und der diese Wahrnehmung steuernden kulturellen Ordnungsmuster sowie auf die „epistemologische Erschließung" und Verwobenheit mit Machtstrukturen[70] real begehbarer Räume steht jedoch noch am Anfang. Dünne und Mahler gehen ebenfalls von einer Wechselwirkung zwischen literarischen Vorstellungsräumen und realen Raumerfahrungen aus: „Diese Vorstellungsräume bringen ihrerseits potentiell wieder neue konkrete Raumerfahrungen hervor, die in einem weiteren Schritt erneut literarisch reflektiert werden können."[71] Der Literaturwissenschaftler Hsuan Hsu beschreibt in seiner Studie zu *Geography and the Production of Space in Nineteenth-Century American Literature* (2010)[72] anhand der USA konkreter, wie sich dieser Prozess in einem Land vollzog, in dem im Zuge fortlaufender Expansion – zuerst dem *Louisiana Purchase*, dann dem Mexikanisch-US-amerikanischen Krieg, schließlich der Annexion Hawaiis und dem Spanisch-Amerikanischen Krieg – immer wieder neue Gebiete zum Staatsgebiet der USA hinzukamen. „Americans felt that they were literally witnessing the emergence of new spaces, the gradual manifestation of their nation's geographical destiny."[73] Die affektive Aneignung dieser Gebiete – die Identifikation mit ihnen als „home, region, city, nation"[74] erfolgte wesentlich über die Literatur, die diese Gebiete fiktional oder in Reiseberichten, Tagebüchern und anderen Texten thematisierte.

Auch wenn die Frage, wie die Konstitution von Raumsemantiken in literarischen Texten auf die Konstitution kultureller Ordnungen (zumal im Zeitalter der Globalisierung) einwirkt, bislang weitgehend ungeklärt ist, kann man davon ausgehen, dass literarisch konstruierte Vorstellungen von Raum nicht nur die Wahrnehmungsmuster einzelner Rezipient_innen verändern, sondern „unter bestimmten Bedingungen als handlungsleitende Visionen eines Kollektivs ihre Wirkung entfalten können".[75] Wolfgang Iser spricht in seiner rezeptionsästhetischen Untersuchung *Das Fiktive und das Imaginäre* dem Imaginären einen ent-

---

69 Ebd., S. 33.
70 Ott, „Raum", S. 117.
71 Dünne und Mahler, „Einleitung", S. 4.
72 H. Hsu, *Geography and the Production of Space in Nineteenth-Century American Literature*, Cambridge: Cambridge University Press, 2010.
73 Ebd., S. 4.
74 Ebd., S. 1.
75 Wiegmann, „Externe Wirklichkeit", S. 27.

scheidenden Anteil „am Zustandekommen der Wahrnehmung"[76] zu. Literarische Imagination – selbst wenn sie wenig konkret und deutungsoffen ist – kann dabei, wie Eva Wiegmann formuliert, „eine flexible, zeitübergreifende Identifikationsfläche bieten, die sich konkreten Umständen entsprechend interpretieren lässt".[77]

Zur Diskussion über die Wirkmächtigkeit und kulturelle Arbeit von Raumimaginationen – unabhängig davon, ob sie nun in Form von Karten, geographischen Beschreibungen, populärkulturellen Inszenierungen oder literarischen Texten vorliegen – erscheint ein Dialog der Literatur- und Kulturwissenschaft mit der Geographie sowohl naheliegend als auch geboten. Gerade in Bezug auf die Untersuchung von Repräsentationen kollektiver Vorstellungen von territorialen Räumen wie dem „nationalen Raum" ist eine solche Zusammenarbeit, wie wir sie auch im SFB 1199 praktizieren, hochproduktiv. Nationen als „imagined communities" im Sinne Benedict Andersons konstituieren sich zentral über Raumimaginationen, so etwa in der semantischen und ideologischen Aufladung bestimmter Räume oder in der Produktion kollektiver Mythen. An drei Beispielanalysen sollen die verschiedenen Sichten auf Raumimaginationen im Folgenden noch weiter verdeutlicht werden.

---

[76] W. Iser, *Das Fiktive und das Imaginäre*, Frankfurt a.M.: Suhrkamp, 1993, S. 312.
[77] Wiegmann, „Externe Wirklichkeit", S. 46.

4 Beispielanalysen

Die erste Beispielanalyse stammt aus der Geographie. Sie bezieht sich auf einen Text, der 1898 im *National Geographic Magazine*, der Zeitschrift der National Geographic Society (Washington) publiziert wurde. Er stammt aus der Feder eines der führenden US-amerikanischen Geologen und Geomorphologen, Grove Karl Gilbert (1843–1918). Gilbert war zunächst Mitarbeiter von George M. Wheeler und dann von John Wesley Powell. Er war damit Mitglied von Wissenschaftlerteams, die in den 1870er Jahren den amerikanischen Westen erkundeten und dabei z. T. auch seine Geologie kartierten. Gilberts Forschungsschwerpunkte lagen v. a. im Bereich fluviatiler Erosion und Sedimentation und so auf einem Feld, das seit den 1870er Jahren zunehmend an Einfluss in der amerikanischen Geomorphologie gewann. Denn durch die Analyse des komplexen Baus der Appalachen sowie der Rocky Mountains und ihrer hydrographischen Systeme war mehr und mehr klar geworden, in welchem Umfang die Arbeit des fließenden Wassers nicht nur gegenwärtig, sondern auch in der geologischen Vergangenheit zu einer vollständigen Umgestaltung von Gebirgen beitragen konnte. Seit 1879 war Gilbert Leiter der US Geological Survey, seit 1883 Mitglied der National Academy of Sciences; 1888 gehörte er zu den Gründungsmitgliedern der bis heute existierenden National Geographic Society.

Mit antiken Göttern zum Raumformat: G.K. Gilberts „Origin of the Physical Features of the United States" (1898)

Der nur neun Seiten (exklusive zweier Karten) umfassende Aufsatz Gilberts ging aus dem einleitenden Vortrag der sich an ein großes Auditorium wendenden „Afternoon Lectures" der Gesellschaft hervor, die im Winter und Frühjahr 1898 den Einfluss der geographischen Umwelt auf die Zivilisation und den Fortschritt der USA behandelten.

Gilbert steigt zunächst mit der bildhaften Beschreibung des Sonnenaufgangsrituals der Zuni-Indianer und damit einer Anbetungsform ein, die zwar „with civilized man [...] has disappeared", jedoch neuerdings durch „a new sun-worship, introduced and fostered by science" ersetzt worden sei, „for science", wie er betont, „has discovered in the sun a creator of wonderful versatility and power".[1] Für die so metaphorisch gewendete Erzählung bemüht Gilbert in einem

---

[1] G.K. Gilbert: „Origin of the Physical Features of the United States". In: *National Geographic* 9 (1898) 7, S. 308–317, hier S. 308.

zweiten Schritt die antike Götterwelt und identifiziert hier Pluto und Apollo als die beiden Gottheiten, die im antiken Mythos für die Schaffung der Erdoberfläche und ihrer Verwandlung verantwortlich sind. Während Apollo als Lichtgott für die exogenen Kräfte der Abtragung und Erosion steht, ist Pluto als Herr der Unterwelt für die durch Hitze gesteuerten endogenen Kräfte und damit für Tektonik, Vulkanismus und somit die Bildung der festen Erdrinde zuständig. Gilbert imaginiert beide Gottheiten nicht als Antagonisten der Schöpfung, sondern als brüderlich Hand in Hand arbeitende „co-worker"[2] mit einer allerdings klaren Arbeitsteilung.

Plutos Aufgabe ist die Schaffung der Kontinente und damit die für jede Zivilisation wichtige Etablierung der Grenze zwischen Land und Meer. Er hebt Gebirgsketten „rugged with gorges and crags and scantily clothed with soil [...] to the region of clouds"[3], sorgt für deren dichte Bewaldung und dauernde Schneedecke, so dass sie Menschen Bau- und Brennholz liefern und Möglichkeiten für Bewässerung der Felder bieten. Außerdem stehen die unterirdische Zirkulation des Wassers und der in ihm gelösten Stoffe sowie deren Verteilung in seiner Gewalt. Pluto erscheint deshalb als Herr mineralischer Ressourcen wie z. B. Gold, Silber, Platin, Zinn, Kupfer und Eisen. Apollo dagegen spendet den Menschen Licht, Wärme, Frost, Stürme, Regen und Flüsse. „He is the daily creator of motion and life." Dabei verändert er ständig das, was Pluto geschaffen hat:

> By alternate heating and chilling he cracks (rocks) into bits; and by a complex chemistry, which, despite our studies, still seems magical, he changes it to fine soil, in which plants may grow and in which the husbandman may delve. Lifting [...] water from the sea, he pours it broadly on the land to make rills and rivers, which wash the soil away, spreading it in hollows and building plains. This sourcing cuts the upland into hills, but eventually they, too, are worn down, so that the plain is the end and aim of the water work. Preparing for the plow the yielding soil and level surface which make its labors light, and showering the fields with fertilizing moisture, he is the beneficient patron of agriculture.[4]

Alle Erosions- und Ablagerungsprozesse, die auf der Erdoberfläche stattfinden, gehören zum Reich Apollos. Obwohl er also Plutos Werk fortlaufend zerstört, bereitet er doch durch die geordnete und räumlich verteilte Ablagerung z. B. von Sanden, Kiesen, Mergeln und Torfen Ausgangssubstrate für das vor, woraus dann sein Bruder Pluto in Äonen wiederum die feste Erdrinde und deren Gebirge entstehen lässt.

Der so für die gesamte Erde seit Ewigkeiten geltende Schöpfungsakt gilt auch für die USA, die Gilbert auf der Basis ihrer dominanten Oberflächenformen vi-

---

2 Ebd.
3 Ebd., S. 309.
4 Ebd.

sualisierungsgestützt durch zwei Gebirge und Ebenen markant unterscheidende physische Karten in fünf verschiedene, sich von Ost nach West erstreckende *provinces* verräumlicht: *Atlantic coast, Appalachian Mountian belt, Central plain, Cordilleras, provinces of the Lakes.*[5] In der nun folgenden, die Blickrichtung von West nach Ost umkehrenden Charakteristik der einzelnen Teile von „our country"[6] nimmt Gilbert zwar nur noch gelegentlich auf die Götterwelt direkten Bezug. Aber schon dies genügt, um zusammen mit einer im *wording* des vorangegangenen Kapitels entfalteten Beschreibung bei Leser_innen fortlaufend den Eindruck zu erhalten, dass Pluto und Apollo es mit den USA offensichtlich überaus gut gemeint haben. Denn in die durch die Götter geschaffene, nunmehr dauerhaft als Ressource von Küste zu Küste zur Verfügung stehende naturräumliche Ausstattung „of our land"[7], erscheint gleichsam auch eine wirtschaftliche und soziale Ordnung eingeschrieben. Die plastisch beschriebenen Gebirgsketten im Westen empfehlen sich nach Meinung Gilberts aufgrund ihrer naturräumlichen Voraussetzungen eher als Lebensraum für Holzfäller, Viehzüchter und Bergleute und erscheinen nur an manchen Stellen für Agrarwirtschaft und Industrie geeignet.[8] Dagegen ist die „Central Plain"[9] aufgrund ihrer Ebenheit und ihrer nur gelegentlichen, freilich durch Bewässerung auszugleichenden Dürren, in erster Linie ein Land der Bauern („agriculture is the great industry for which the province is naturally destined"[10]), in zweiter Linie aufgrund ihrer leicht abzubauenden Kohle-, Eisen- und Salzvorkommen ein Land der Bergleute und einer die Minen begleitenden aufkeimenden Industrie. Vor allem aber erfüllt diese Provinz wichtige Aufgaben für den Verkehr. Denn sie bietet hervorragende Voraussetzungen für die Anlage von Straßen und Eisenbahnlinien sowie mit ihren schiffbaren Flüssen beste Möglichkeiten für den Transport des erzeugten Getreides. Die Appalachen wiederum sind durch ein vielgestaltiges Mosaik gekennzeichnet. Diese Provinz eignet sich in den Augen von Gilbert sowohl für Agrarwirtschaft wie für Bergbau von Kohle und Eisen sowie für die dem Bergbau folgende Industrie aufgrund unerschöpflicher, technisch vergleichsweise leicht zu beherrschender Wasserkraft. Auch der am Atlantik liegende Teil der USA erscheint ihm als Gebiet für Agrikultur, die allerdings aufgrund der kargen Böden immer wieder von Waldwirtschaft unterbrochen werden muss. Hier haben allerdings „water powers, afforded by moderate fall of large streams […] great value by reason of their

---

5 Ebd., S. 311.
6 Ebd.
7 Passim.
8 Vgl. ebd., S. 311f.
9 Vgl. ebd., S. 321f.
10 Ebd., S. 312.

proximity to tide-water and consequent facilities for cheap transportation of the raw materials and the products of manufacture".[11]

Die „Lake Province" erstreckt sich im Norden der USA von Küste zu Küste. Sie ist durch „marginal overflow of Canadian topogaphy" geprägt, „which resulted from the great prehistoric invasion of our land by Canadian ice".[12] Aufgrund der glazialen Überformung der Oberflächenformen sowie des Flusssystems herrscht im Norden der USA mit Blick auf die Hydrologie für den Geomorphologen zwar eine der „confusion of tongues at Babel" vergleichbare Situation. „Disconcerted streams, having their descent arrested by basins and lakes, are compelled elsewhere to tumble down rapidly."[13] Gleichwohl hat dieser naturräumliche Nachteil auch seine Vorteile, weil er in den Augen von Gilbert erhebliche Möglichkeiten für die Nutzung von Wasserkraft schafft, sich die Seen als natürlicher Schutz vor Überschwemmung und Dürre erweisen und vor allem „natural avenues for commerce" sind. Das Gebiet der Seen ist daher „associating water power with commercial facility [...] the natural home of manufacture". Hervorstechendes Kennzeichen dieser Provinz sind die langen Korridore schiffbarer Gewässer und deren „surplus for exportation facility of transportation means progress in population and wealth".[14] Ähnliches gilt auch für die Häfen an den Küsten des gesamten Landes, die zum großen Teil hervorragende naturräumliche Gegebenheiten ausnutzen können, und „neither piers nor dredges", allenfalls gelegentlich „only moderate aid from the engineer" brauchen, „to maintain its natural channels".[15]

Vorbereitet durch die entlang der Küstenlinien verlaufende Beschreibung der Häfen der USA kommt Gilbert abschließend auf das Klima der gesamten USA zu sprechen, das er unter Verzicht auf weitere Regionalisierungen als vor allem durch rasch durchziehende, ihre Windrichtung oft verändernde Zyklone geprägt beschreibt, in deren Folge rasche Wechsel von Wärme und Kälte, Sonnenschein und Regen, steifen Brisen und Windstille entstehen. Gerade diese Verhältnisse („We are endowed with weather instead of mere climatic monotony"[16]) tragen jedoch nach Meinung Gilberts zu einer weiteren Stärkung des Landes bei. Denn sie erfordern Menschen, die vor harter Arbeit in einem von Pluto und Apollo gerade aufgrund seiner regionalen, gleichwohl komplementär angelegten Verschiedenheiten und somit bestens ausgestatteten Land nicht zurückschrecken.

---

11 Ebd., S. 314.
12 Ebd.
13 Alle Zitate ebd., S. 315.
14 Ebd.
15 Ebd., S. 316.
16 Ebd., S. 317.

Die von beiden Göttern als Möglichkeitsraum geschaffene „variety of configurations" gilt es nach Meinung Gilberts gegenwärtig und zukünftig klug zu nutzen. Denn nur dies gibt, so die Schlussformel, „national independence and [...] joins us to the brotherhood of nations".[17]

Gilberts Text zielt mit seinem *ordering and bordering* auf die nationalstaatliche Formatierung des US-amerikanischen Raumes. Dabei dient die an antike Mythen anknüpfende Erzählung dazu, den paradoxerweise gerade durch seine Vielfalt geprägten Raum des Nationalstaats zu einer Einheit zu machen. Dies wird durch ein spezifisches Muster von Raum-Zeit-Verhältnissen bewerkstelligt, für das sich in der internationalen geographischen Literatur des 19. und frühen 20. Jahrhunderts massenhaft ähnliche Belege finden lassen. Erstens wird das eigentlich junge und noch ziemlich fragile Raumformat des Nationalstaats durch Geologisierung zeitlich überdehnt. Damit ergibt sich bei den Hörer- bzw. Leser_innen der Eindruck einer a priori vorhandenen naturgegebenen Konstanz, die den Nationalstaat als ein menschlicher Geschichte scheinbar entzogenes natürliches Gebilde imaginiert. Der damit hergestellte sichere Boden „of our land" entpuppt sich, zweitens, als ein für differente menschliche Aktivitäten zwar prinzipiell offenstehender Möglichkeitsraum, in den jedoch von der Natur scheinbar vorgezeichnete gegenwärtige Nutzungsmuster auch als sozialräumliche Ordnungen eingeschrieben sind. Die so als unterschiedlich imaginierten Regionen des Nationalstaats verhalten sich, drittens, komplementär zueinander. Sie sind durch Austauschbeziehungen miteinander verbunden, die als historisch wandelbar erscheinen, und daher vor allem von der menschlichen Fähigkeit abhängen, sich mittels Technik und Kultur in ein stets neues Verhältnis zur Natur zu setzen. Dies erfordert wiederum, viertens, allerdings den Mut, sich diesen Herausforderungen in der Gegenwart kollektiv zu stellen, damit der Nationalstaat (als Objekt gemeinsamen Begehrens) durch harte kollektive Arbeit auch zukünftig auf Dauer gestellt werden kann.

Regionale Spezifika spielen auch für (massen)kulturelle Raumimaginationen und -inszenierungen eine zentrale Rolle, denen sich die Kultur- und Literaturwissenschaften bevorzugt widmen. Gerade die Landschaft – „zwischen Materialität und Bildhaftigkeit"[18] schwankend – verweist auf die nicht hintergehbare imaginäre Dimension von Raumkonstruktionen.

---

17 Ebd.
18 A. Karentzos und A.-E. Kittner, „Touristischer Raum: Mobilität und Imagination", in: S. Günzel (Hg.), *Raum*, S. 280–293, hier S. 284–285. – „[L]andscape is not inherently territorializing, and can readily be adapted to more relative conceptions of space" (D. Cosgrove, „Landscape and

Die „Wild-West-Bar" im „Haus Vaterland" in Berlin, 1928: „die ganze Romantik des wilden Räuberlebens der großen schweigsamen Prärie"[19]

Die Vergnügungsindustrie als kulturell und ökonomisch wichtiger Zweig der Massenkultur bietet oftmals multimediale Inszenierungen bestimmter Lokalitäten, die auf ein synästhetisches Erleben von Raum abheben. Es wird vornehmlich mit Genusslandschaften operiert. Zweckfreiheit und „genießende[] Anschauung" liegen bereits dem Konzept Landschaft als einer ästhetisch vergegenwärtigten Natur zugrunde.[20] Auch in massenkulturellen Settings fungieren Landschaften vornehmlich als Träger von Stimmungen und Atmosphären. Die Atmosphäre ist in den letzten Jahren zu einem wichtigen Begriff der Ästhetik geworden und bezeichnet den „Gefühlston" eines Raumes – wobei unklar bleibt, ob Atmosphären „den Objekten und Umgebungen, von denen sie ausgehen", zuzuschreiben sind oder „den Subjekten, die sie erfahren".[21] In jedem Falle erklärt sich die Bedeutung der Atmosphäre aus dem (touristischen) Versprechen, mit dem Alltag kontrastierende und besonders intensive Formen des Erlebens und Wahrnehmens auszuprobieren.[22] Dem Körper kommt dabei eine herausgehobene Rolle zu, geht es doch um die sinnliche Erfahrung imaginärer Räume.[23] Angestrebt wird eine weit über den Sehsinn hinausgehende, synästhetische Wahrnehmung von Räumen und ein Erleben und Sich-Bewegen im Raum.[24] Angesetzt wird bei dem „desire to

---

Landschaft: Lecture delivered at the ‚Spatial Turn in History' Symposium, German Historical Institute, February 19, 2004", *GHI Bulletin* 35 (2004), S. 57–71, hier S. 69).
19 Werbebroschüre zur Eröffnung des „Haus Vaterland" von 1928, Faksimile-Nachdruck, Braunschweig: Archiv Verlag, 1987, o.S.
20 J. Ritter, „Landschaft: Zur Funktion des Ästhetischen in der modernen Gesellschaft", in: G. Gröning und U. Herlyn (Hg.), *Landschaftswahrnehmung und Landschaftserfahrung*, 2. Aufl., Münster: Lit, 1996, S. 28–68, hier S. 35. „Not every piece of nature is a landscape. On the contrary, on order to qualify as landscape, certain iconography and cultural criteria have to be met. In other words, we do not first register and then interpret what we see. Quite on the contrary, we already interpret what we see in the act of registering it" (Fluck, „Imaginary Space", S. 33).
21 G. Böhme, „Atmosphäre als Grundbegriff einer neuen Ästhetik", in: T. Friedrich und J.H. Gleiter (Hg.), *Einfühlung und phänomenologische Reduktion: Grundlagentexte zu Architektur, Design und Kunst*, Münster: Lit, 2007, S. 287–310, hier 288.
22 A. Pott, „Die Raumordnung des Tourismus", *Soziale Systeme* 17 (2011) 2, S. 255–276, hier S. 260.
23 So C. Hennig, „Jenseits des Alltags", *Voyage: Jahrbuch für Reise- und Tourismusforschung* 1 (1997), S. 35–53, hier S. 47, über den Kern des Tourismus.
24 Zur problematischen Beschränkung auf Visualität in der Raumtheorie siehe K. Hetherington, „Spatial Textures: Place, Touch, and Praesentia", *Environment and Planning A* 35 (2003) 11, S. 1933–1944, hier S. 1937.

immerse the body" in neue Kontexte.[25] Um diese Dimension von Raumimaginationen und -inszenierungen erfassen zu können, ist eine *sensuous geography* vonnöten, die sich gegen die Körpervergessenheit (nicht nur) in den Debatten um Raum richtet. Auch Imaginationen sind stets verkörpert und situiert und verweisen damit immer auch auf ein anderes, nicht-diskursives (räumliches) Wissen. Untersuchen lassen sich diese Imaginationen jedoch nur, wenn sie kommuniziert werden.[26] Für historische Fallstudien sind wir auf Materialisierungen dieser Imaginationen in Form von Texten, (bewegten) Bildern oder Tonaufzeichnungen angewiesen. Im Folgenden sollen die Imaginationen und Inszenierungen des „Wilden Westens" in einem der bekanntesten Berliner Vergnügungsetablissements der Weimarer Republik, dem „Haus Vaterland", quellennah herausgearbeitet werden.

Das „Haus Vaterland", ein 1928 am Potsdamer Platz in Berlin eröffneter Gastronomie- und Vergnügungskomplex unter Leitung des bekannten Wein- und Lebensmittelhändlers Kempinski, war von dem Gedanken getragen, die „Welt in einem Haus"[27] zu vereinen. Neben der großen Löwenbräu-Gaststätte („Oberbayern") und dem ebenfalls sehr geräumigen Weinrestaurant „Rhein-Terrasse" gehörten zum Großgaststättenensemble auch kleinere Lokale, z. B. eine ungarische Csardas, eine spanische Bodega sowie eine so genannte Wild-West-Bar, die sich in einem der oberen Stockwerke des Gebäudes befand.[28] Mit seinen aufwändigen Inszenierungen fremder Welten stand das „Haus Vaterland" in der Tradition der Weltausstellungen und insbesondere ihrer angrenzenden Vergnügungsparks. Abwechslung und Erholung sollten die aufwändig inszenierten Orte bieten. Damit setzte das „Haus Vaterland" auf das touristische Imaginäre. Touristische Räume werden darüber konstruiert, dass geographische Lokalitäten explizit und wiederholt mit bestimmten Imaginationen verknüpft werden.[29] Der imaginären Dimension kommt damit eine konstitutive Bedeutung für die touristische „Realität"

---

25 D. Crouch und L. Desforges, „The Sensuous in the Tourist Encounter: Introduction: The Power of the Body in Tourist Studies", *Tourist Studies* 3 (2003) 1, S. 5–22, hier S. 7. Zur phänomenologischen Aufspaltung und Zuordnung des Körpers zum geometrischen Raum und des Leibes zum erfahrenen Raum siehe G. Postl, „Körperlicher Raum: Geschlecht und Perfomativität", in: S. Günzel (Hg.), *Raum*, S. 162–176, hier S. 163.
26 Vgl. G.B. Christmann (Hg.), *Zur kommunikativen Konstruktion von Räumen: Theoretische Konzepte und empirische Analysen*, Wiesbaden: Springer VS, 2016.
27 Werbebroschüre zur Eröffnung des „Haus Vaterland".
28 H. Gottfeldt, „Haus Vaterland", in: *Der Stahlbau: Beilage zur Zeitschrift Die Bautechnik* 3 (1930) 1, S. 1–6, hier S. 2, Abb. 4.
29 Karentzos und Kittner, „Touristischer Raum", S. 281.

zu.³⁰ Dabei finden, wie Andreas Pott in seinen systemtheoretischen Überlegungen zum Sozialsystem des Tourismus herausstellt, eine territorialisierende Verortung und eine Verdinglichung (in Form) bestimmter Sehenswürdigkeiten statt.³¹ Diese sollen die Beständigkeit der touristischen Raumkonstruktionen garantieren, diese gewissermaßen institutionalisieren. Damit beteiligt sich der Tourismus zugleich an der (problematischen) Territorialisierung von Kultur und verdeckt den Konstruktionscharakter von „Raum" und „Kultur".³² An bestimmten, geographisch bezeichneten Orten soll etwas Bestimmtes sichtbar und erfahrbar sein; Sprachen, Ernährungs- und Lebensweisen werden platziert und identifizierbar gemacht.³³ Wie im Tourismus ging es auch beim „Haus Vaterland" darum, andere Welten zu erfahren – visuell, akustisch und olfaktorisch. So waren die Governmenträume mit großen Panoramen ausgestaltet, die im Weinrestaurant „Rheinterrassen" die Loreley zeigten und als Kulisse für das „Rheinland"-Erlebnis fungierten, das durch rheinische Weine und musikalische Darbietungen komplettiert wurde.³⁴ In der „Wild-West-Bar" war es ein Wandbild mit Blick in die Weite der „Prärie des Delawareriver", in deren Zentrum eine einfache Blockhütte und im Hintergrund die Rocky Mountains zu sehen waren – geographisch eine eher unwahrscheinliche Zusammenschau.³⁵ Gerahmt wurde diese Ansicht von einem aus Holzbalken gefertigten Vordach, das den Eindruck vermittelte, sich in einem ebensolchen Blockhaus zu befinden. Auch beim übrigen Interieur dominierte grob behauenes Holz,

---

30 „Kaum eine andere Tätigkeit verbindet imaginäre und reale Erfahrungen in vergleichbarer Weise", so C. Hennig, *Reiselust: Touristen, Tourismus und Urlaubskultur*, Frankfurt a.M.: Insel, 1997, S. 48, über das Reisen. Sehr instruktiv zum Umschlag von Realität in Fiktion und Fiktion in Realität: R. Barthes, *Mythen des Alltags*, Frankfurt a.M.: Suhrkamp, 1964.
31 „Mit ihrer charakteristischen Verdinglichung und Verortung reproduziert die städtetouristische Semantik die Vorstellung, dass auch Ideen, Kulturen, Bedeutungen usw. ihren Ort haben" (Pott, „Die Raumordnung des Tourismus", S. 267). Diese Art der Territorialisierung aber orientiert sich oftmals nicht an nationalstaatlichen Territorialisierungen.
32 Zur Engführung der Konstruktionen von Raum und Kultur in kulturtopographischer Perspektive siehe M. Wagner-Egelhaaf, „Verortungen: Räume und Orte in der transkulturellen Theoriedebatte und in der neuen türkisch-deutschen Literatur", in: Hartmut Böhme (Hg.), *Topographien der Literatur: Deutsche Literatur im transnationalen Kontext*, Stuttgart: Metzler, 2005, S. 745–768, hier 745.
33 Zu dieser Ver-Ortungslogik, die auch Personen einen bestimmten Platz zuweist und diese „nicht zuletzt begrenzt", siehe P. Mecheril u.a, „Migrationsforschung als Kritik?: Erkundungen eines epistemischen Anliegens in 57 Schritten", in: Ders. u.a. (Hg.), *Migrationsforschung als Kritik?: Konturen einer Forschungsperspektive*, Wiesbaden: Springer VS, 2013, S. 7–55, hier S. 27.
34 Zum gastronomischen Tourismus in ausländischen Spezialitätenrestaurants siehe M. Möhring, *Fremdes Essen: Die Geschichte der ausländischen Gastronomie in der Bundesrepublik Deutschland*, München: Oldenbourg, 2012.
35 Vgl. Werbebroschüre zur Eröffnung des „Haus Vaterland".

das für Wandpaneele, die Decke sowie für Stühle und Tische Anwendung gefunden hatte. Lampen in Form von Stalllaternen und Strohgirlanden vermittelten eine ländlich-rustikale Atmosphäre.[36] Vom Gestalter des „Haus Vaterland" – die Geträume waren bis auf den Palmensaal ausnahmslos von Karl Benesch aus Wien entworfen worden – war eine ganz spezifische Stimmung intendiert, die im Werbeprospekt von 1928 als „Wildwestromantik" benannt wurde.[37] Bevor die Gäste die Inszenierung des „Wilden Westen" erleben konnten, existierte er bereits in der Imagination des Künstlers Benesch, der kolorierte Entwürfe aller Szenerien gemalt hatte, die später – wie fotografische Quellen zeigen – in sehr ähnlicher Form umgesetzt wurden. Auch die Planungsskizzen der Architekten geben den *espace conçu* (Lefebvre) zu erkennen. Hinzu kam die Werbebroschüre, die zum Besuch des „Haus Vaterland" motivieren und den Gästen als Leitfaden zur Orientierung dienen sollte. Diese Orientierungsfunktion ironisiert der Schriftsteller Franz Hessel in seiner 1929 erschienenen Beschreibung des „Haus Vaterland":

> Beim Betreten der Wildwest-Bar werden Sie laut Programm die ganze Romantik der amerikanischen Prärie empfinden. Kaufen Sie sich auf alle Fälle ein Programm! Da wissen Sie gleich, wie Ihnen zumute zu sein hat.[38]

Der Werbetext zur „Wild-West-Bar" nimmt die Leser_innenschaft auf eine virtuelle Reise mit, die mit den Worten „Zeit und Raum scheinen überwunden" eingeleitet wird und damit bereits einen nostalgischen Blick auf Nordamerika entwirft. Mit den als Cowboys ausstaffierten Männern, welche die Gäste der Bar begrüßten und „[o]riginal amerikanische Bar-Getränke"[39] servierten, wurde „die ganze Romantik des wilden Räuberlebens der großen schweigsamen Prärie" und mit dieser die zweite Hälfte des 19. Jahrhunderts beschworen.[40] Die Bezeichnung „Wilder Westen" referiert auf den nordamerikanischen Westen zur Zeit der Eroberung und Besiedlung durch Weiße und wird in aktuellen Lexika als „Übergangsregion vom administrierten Siedlungsgebiet der Einwanderer (,Zivilisation') zum Indianerterritorium (,Wildnis')" definiert[41] – eine Definition, die den instabilen Charakter

---

36 In der Entwurfsskizze zur „Wild-West-Bar" sind noch diverse US-amerikanische Flaggen zu sehen, die von der Decke herabhängen.
37 Vgl. Werbebroschüre zur Eröffnung des „Haus Vaterland".
38 F. Hessel, *Ein Flaneur in Berlin* [Neuausgabe von „Spazieren in Berlin" (1929)], Berlin: Arsenal, 1984, S. 57.
39 „Was bietet das Haus Vaterland?", *Berolina: Das Magazin für frohe Leute*, Heft 1 (September 1929), vordere Innenseite.
40 Werbebroschüre zur Eröffnung des „Haus Vaterland".
41 *Die Brockhaus Enzyklopädie online*, 21. Aufl., publiziert am 10. August 2016, https://uni-leipzig.brockhaus.de/enzyklopaedie/wilder-westen (11. Oktober 2017).

des Raumes, den imperialen Blick und die zugehörige territoriale Logik benennt. Dieser bereits der Vergangenheit angehörende Übergangsraum wird im „Haus Vaterland" zudem klar männlich kodiert – sei es über die Getränkeauswahl, sei es über das in der Bar tätige Personal.[42]

Doch nicht nur durch die Referenz auf eine vergangene Epoche wird ein – für die sich globalisierende Moderne durchaus typischer – nostalgischer Modus installiert[43]; auch das individuell-biographische Register wird adressiert. So heißt es im Text, dass beim Besuch der „Wild-West-Bar" „Jugenderinnerungen" aufstiegen: Die „bezaubernde[] ferne[] Landschaft" wird in der Erinnerung an die „romantischen Jugendjahre" zu „heimatlichen Gefilden", in denen die Gäste noch einmal verweilen möchten.[44] Ferne und Heimat, Einst und Jetzt werden vielschichtig überblendet, um eine stark emotional gefärbte, verdichtete Atmosphäre zu schaffen.

Für den imaginären Raum „Wilder Westen" kam Wildwestromanen und dem Filmgenre des Western[45] eine zentrale Rolle zu; aber auch weitere massenkulturelle Formate wie William Frederick „Buffalo Bill" Codys Wild-West-Show[46] hatten einen signifikanten Anteil an den Bildern, Narrationen und *performances*, die in

---

42 Zum heroischen Frontiermythos und den angeschlossenen Männlichkeitsentwürfen siehe W. Erhart, „Männlichkeit, Mythos, Gemeinschaft: Nachruf auf den Western-Helden", in: C. Hißnauer und T. Klein (Hg.), *Männer, Machos, Memmen: Männlichkeit im Film*, Mainz: Bender, 2002, S. 75–110.
43 „The will to nostalgia is indeed a distinctive issue of modernity" (R. Robertson, „After Nostalgia?: Wilful Nostalgia and the Phases of Globalization", in: B.S. Turner (Hg.), *Theories of Modernity and Postmodernity*, London: Sage, 1990, S. 45–61, hier S. 49).
44 Werbebroschüre zur Eröffnung des „Haus Vaterland". Im nostalgischen Modus fand im großen Palmensaal im September 1931 auch eine mit „Erinnerungen an Alt-Wien" betitelte Tanzvorführung statt (vgl. *Berolina: Das Magazin der Kempinski-Betriebe*, Heft 18 (September 1931), S. 17).
45 Als erster und stilbildender Westernfilm gilt E.S. Porters *The Great Train Robbery* aus dem Jahre 1903; neben zahlreichen Low-Budget-Filmen begann in den 1920er Jahren und damit zur Entstehungszeit des „Haus Vaterland" die Ära epischer Western, die ihren Höhepunkt in den 1940er und 1950er Jahren erlebte (vgl. „Western", in: *The New Encyclopedia Britannica*, 15. Aufl., Bd. 12, S. 598–599, hier S. 598). Zum Western im frühen deutschen Kino siehe D. Göktürk, „How Modern Is It?: Moving Images of America in Early German Cinema", in: D.W. Ellwood und R. Croes (Hg.), *Hollywood in Europe: Experiences of a Cultural Hegemony*, Amsterdam: VU University Press, 1994, S. 44–67.
46 1887 wurde Codys Show im Madison Square Garden in New York City aufgeführt; Sitting Bull gehörte zum Cast der ca. 100 Native Americans. Zwischen 1887 und 1906 tourte Cody mehrfach durch Europa. Gängig waren Wild-West-Shows zudem auf den amerikanischen Weltausstellungen seit 1892 (vgl. B. Benedict, „Rituals of Representation: Ethnic Stereotypes and Colonized Peoples at World's Fairs", in: R.W. Rydell und N. Gwinn (Hg.), *Fair Representation: World's Fairs and the Modern World*, Amsterdam: VU University Press, 1994, S. 28–61, hier S. 44).

den USA, Europa und darüber hinaus den „Wilden Westen" konstruierten. Es sind damit selbst wiederum massenkulturelle Produkte, die als Maßstab für die Authentizität des im „Haus Vaterland" inszenierten „Wilden Westen" fungierten. Die wiederholte Zitation dieser Imaginationen schien den Realitätsgehalt zu substantiieren. Für die deutschen Imaginationen über den „Wilden Westen" war wohl vor allem Karl May ausschlaggebend.[47] Die Differenzen zwischen, aber auch innerhalb des US-amerikanischen und des deutschen Imaginären bezüglich des „Wild West"/des „Wilden Westens" wären genauer auszuloten.[48] Relevant ist in jedem Fall die Domestizierung des nur vage umrissenen Raumes qua Verbildlichung und Narrativierung.

Anders als bei Karl May spielten Native Americans in der „Wild-West-Bar" kaum eine Rolle; zwar wird die (gemalte) Prärie des Delaware-Rivers im Werbeprospekt kurz als „Eldorado der Rothäute zur Zeit ihrer Ahnen" benannt – ihre Präsenz ist aber auch im „Haus Vaterland" bereits eine vergangene.[49] Die als schweigsam beschriebene Prärie lässt sich als Verweis auf einen vermeintlich leeren Raum lesen, der sich genau deshalb für emotionsgeladene Imaginationen und Projektionen eignet. Er lässt sich aber auch als Hinweis auf indigene Stimmen verstehen, die mundtot gemacht worden sind. Unterbrochen wurde diese Stille durch regelmäßige Gesangs- und Tanzvorführungen des „Jimmy Mix Cowboy-Quartetts", die allerdings durch Jazzbands und damit ein neueres, aktuelles Musikgenre ergänzt wurden, das maßgeblich von afroamerikanischen Künstler_innen geprägt war. Im „Haus Vaterland" traten Jazz-Größen wie Sidney Béchet (1897–1959) auf[50], aber auch die hauseigene *The Black Band* unter Leitung von

---

[47] Zur Langlebigkeit des von Karl May geprägten Imaginären siehe auch die seit 1952 in Bad Segeberg stattfindenden Karl-May-Festspiele (dazu D. Weber, „Staged Indians: Representations of Native Americans in German Theater and Karl May Festivals", in: K. Fitz (Hg.), *Visual Representations of Native Americans: Transnational Contexts and Perspectives*, Heidelberg: Winter, 2012, S. 163–177).

[48] Auch nach der Bedeutung der deutschen Auswanderer_innen nach Nordamerika für die Erinnerungskultur wäre in diesem Zusammenhang zu fragen. Siehe dazu R. Hatoum, „‚Der wilde wilde Westen...': Die Deutschen und die Eroberung des Westens", in: S. Beneke und J. Zeilinger (Hg.), *Karl May – Imaginäre Reisen: Eine Ausstellung des Deutschen Historischen Museums Berlin*, vom 31. August 2007 bis 6. Januar 2008, Berlin: Deutsches Historisches Museum, 2007, S. 155–170; implizit dazu: A. Mattioli, *Verlorene Welten: Eine Geschichte der Indianer Nordamerikas 1700–1910*, Stuttgart: Klett-Cotta, 2017.

[49] Werbebroschüre zur Eröffnung des „Haus Vaterland".

[50] Im Programm vom November 1930 wird er als Saxophon-Virtuose angekündigt. Vgl. „Das bietet das Haus Vaterland", *Berolina: Das Magazin der Kempinski-Betriebe*, Heft 11 (November 1930). – Während von Béchets Aufführungen Tonaufzeichnungen existieren, liegt zu den übrigen musikalischen Darbietungen kaum Material vor. Die Quellenlage ist also eine medial sehr einseitige, bei der Texte und Fotografien/Bilder dominieren. Gerade aber der Ton ist ein „essentially

Willy Allen (1909–1969). Allen war 1909 als Sohn eines Banjo-Spielers aus dem heutigen Nordsomalia und einer deutschen Musikerin in Berlin geboren worden und diente im „Haus Vaterland" unter anderem zur Authentifizierung des „schwarzen" Musikstils.[51] Seinem Körper und seiner (musikalischen) *performance* kam, trotz seiner Berliner Herkunft, eine große Bedeutung für die Inszenierung der „Neuen Welt" zu[52] – einer weiteren Bezeichnung Nordamerikas, die sich im Werbeprospekt findet.

In der „Wild-West-Bar" kamen also sehr unterschiedliche Imaginationen über die USA zusammen.[53] Afroamerikanische Musikkultur begegnete von Karl May und anderen Westernromanen und -filmen inspirierten Bildern und Narrationen. Die Schriftstellerin Inge von Wangenheim hat diese spezifische Mischung in ihren Erinnerungen unter dem Label des „verjazzte[n] Trapperschweiß[es]" zusammengefasst.[54] Es überlagerten sich in der „Wild-West-Bar" sowohl verschiedene Zeitschichten als auch unterschiedliche Orte und Regionen der USA. Diese hybride Mischung, die auch im Signet der „Wild-West-Bar", einem Saxophon, zum Ausdruck kommt, wird im Werbetext treffend als „bizarre[s] Vielerlei" beschrieben.[55] Es war demnach ein heterogenes Ensemble von Artefakten und Menschen, das die „Wild-West-Bar" als Ort des Vergnügens auszeichnete. Durch die gezielte Verwendung von Einrichtungselementen, Farben und Formen, vor allem aber über die *performances* der Angestellten des „Haus Vaterland", die Getränkeservice wie musikalische Darbietungen umfassten, suchten Raumgestalter_innen und Programmverantwortliche die gewünschte Atmosphäre herzustellen. Ohne sie vollständig determinieren zu können, übten sie dennoch einen merklichen Einfluss aus. Wenn man mit Martina Löw davon ausgeht, dass es sich bei der Atmosphäre um „die in der Wahrnehmung realisierte Außenwirkung sozialer

---

spacing medium" (M. Nieuwenhuis und D. Crouch, „Prelude: Playing with Space", in: Dies. (Hg.), *The Question of Space: Interrogating the Spatial Turn between Disciplines*, London: Rowman and Littlefield, 2017, S. IX–XXVII, hier S. XVII).

51 Ausführlicher zu den im „Haus Vaterland" tätigen Personen und ihren teilweise transnationalen Migrationsgeschichten siehe M. Möhring, „Die ‚Welt in einem Haus': Der Berliner Unterhaltungs- und Gastronomiekomplex ‚Haus Vaterland' in der Weimarer Republik", in: D. van Laak und C. Cornelißen (Hg.), *Weimar in der Welt*, im Erscheinen.

52 Zur Bedeutung von „corporealities" in *imaginative geographies* siehe Gregory, „Imaginative Geographies", *Progress*, S. 453.

53 Zu den Debatten um Amerikanisierung in Deutschland in den 1920er Jahren siehe u. a. E. Klautke, *Unbegrenzte Möglichkeiten: „Amerikanisierung" in Deutschland und Frankreich (1903–1933)*, Stuttgart: Steiner, 2003.

54 I. von Wangenheim, *Mein Haus Vaterland: Erinnerungen einer jungen Frau*, 4. Aufl., Halle: Mitteldeutscher Verlag, 1962, S. 301.

55 Werbebroschüre zur Eröffnung des „Haus Vaterland".

Güter und Menschen in ihrer räumlichen (An)Ordnung" handelt[56], dann kommt auch den Gästen eine zentrale Rolle zu. Denn sie mussten die intendierte Atmosphäre wahrnehmen, goutieren und selbst dazu beitragen, eine bestimmte Stimmung zu erzeugen. Trotz der Kanalisierung des Blicks, die durch das räumliche Arrangement und die Begleittexte vorgenommen wurde, ließ die Hybridität des Ortes doch viele Lesarten und Erlebnisweisen zu.

Festzuhalten bleibt, dass sich in der „Wild-West-Bar" des „Haus Vaterland" ganz unterschiedliche Imaginationen über die USA bündelten. (Innen-)Architektur und Mobiliar lassen sich als Materialisierungen der Vorstellung von einer rustikal-ländlich geprägten, männlich konnotierten und vergangenen Epoche der West-Expansion verstehen, während mit den Jazz-Bands auch eher städtisch geprägte, zeitgenössische Vorstellungen über die USA bedient wurden. Der historische Wandel in den deutschen Amerika-Bildern wurde in den Inszenierungen des „Haus Vaterland" also gleichsam simultan nachvollzogen. So entstand ein alles andere als eindeutig kodierter Raum, in dem die Dauerhaftigkeit der unterschiedlichen Imaginationen zugleich beschworen und unterlaufen wurde. Zudem war der Inszenierungscharakter der „Wild-West-Bar" und der übrigen Gasträume dem Publikum mit Sicherheit bewusst. Doch auch das Erfahren inszenierter Authentizität war für die Gäste eine authentische Erfahrung, nicht zuletzt wegen ihrer körper- und dingbezogenen Wahrnehmungen vor Ort.[57] Während die Geographie dazu neigt, ihre Bilder und Narrationen über Räume als Realität zu setzen, leben massenkulturelle Institutionen wie das „Haus Vaterland" von der Inszenierung, dem Wissen um die Inszenierung und dem – mitunter ambivalenten – Genuss dieser Inszenierung.[58] Nichtsdestotrotz zeitigen diese Inszenierungen bedeutende Realitätseffekte – eine Wirkmächtigkeit, die sie mit literarischen Imaginationen teilen.

---

56 M. Löw, *Raumsoziologie*, Frankfurt a.M.: Suhrkamp, 2001, S. 272. Luhmann betrachtet die Atmosphäre als ein an Einzeldinge gebundenes Phänomen und als „Sichtbarkeit der Unsichtbarkeit des Raums" (N. Luhmann, *Kunst der Gesellschaft*, 2. Aufl., Frankfurt a.M.: Suhrkamp, 1998, S. 181).
57 So Pott, „Raumordnung", S. 272, über die touristische Erfahrung.
58 Zur Realitätsbehauptung der Geographie (im Rekurs auf Derek Gregory) siehe R. Deutsche, „Surprising Geography", *Annals of the Association of American Geographers* 85 (1995) 1, S. 168–175, hier S. 169. Dass Inszenierungen ihre Wirkung erst voll entfalten können, wenn sie als solche wahrgenommen werden, betont E. Fischer-Lichte, „Theatralität und Inszenierung", in: Dies. u. a. (Hg.), *Inszenierung von Authentizität*, 2. Aufl., Tübingen: Francke, 2007, S. 9–28, hier S. 19.

Raumimaginationen in Helena Marie Viramontes' „The Cariboo Café"

Helena Maria Viramontes ist eine aus Los Angeles stammende Autorin mexikanischer Herkunft; die meisten ihrer Texte sind in dieser Stadt angesiedelt, so auch die 1985 im Band *The Moths and Other Stories* publizierte Kurzgeschichte „The Cariboo Café".[59]

Die Erzählung ist als literarisches Beispiel für die Imagination von Raum in Globalisierungskontexten relevant, da es der Autorin gelingt, mit verschiedenen literarischen Mitteln den Aktionsraum der Erzählung zu anderen (insbesondere transnationalen) Räumen in Beziehung zu setzen, Verbindungen zwischen disparaten und weit voneinander entfernten Weltregionen zu imaginieren und damit alternative Raumdeutungen zu eröffnen. Dabei spielen neben real begehbaren Räumen – hier in der Stadt Los Angeles – Erinnerungsräume eine wichtige Rolle. Die Geschehnisse in der Erzählung fokussieren auf Figuren am Rande der Gesellschaft und auf Erfahrungen von Ausgrenzung, (Im)mobilität, Gewalt, Flucht und Verlust von Familienangehörigen, ebenso wie auf die mentalen und psychischen Auswirkungen, die diese Traumata auf Einzelne haben. Das Geschehen entfaltet sich zum einen im Raum der Stadt selbst, zum anderen rückblickend im transnationalen Raum US-amerikanischer Interventionspolitik.

Die Geschehnisse werden aus den Blickwinkeln der Protagonist_innen erzählt, wobei die wechselnde Erzählperspektive nicht nur zwischen den Charakteren und Orten, sondern auch fließend und narrativ unmarkiert zwischen Gegenwart und Vergangenheit schweift. Die Raumdarstellung in der Erzählung ist figural fokalisiert, d. h. an die partiellen, subjektiv gefärbten und perspektivisch gebrochenen Wahrnehmungen der Charaktere und deren Imagination gebunden. Die Protagonist_innen kennen sich nicht, treffen aber im titelgebenden Cariboo-Café zusammen, das als geographische Metapher für Los Angeles als Eingangspforte für zahlreiche Migrant_innen fungiert.[60]

Aufgrund der erzählperspektivischen Brüche und fehlenden Informationen übermittelt sich für Leser_innen ein Gefühl der räumlichen und zeitlichen Desorientierung, eine bewusste Strategie der Autorin, um Leser_innen mit der Erfahrung von Verlorenheit zu konfrontieren, die alle Charaktere der Erzählung teilen. Gleichzeitig wird die perspektivische Fragmentierung dazu genutzt, um mit

---

[59] H.M. Viramontes, „The Cariboo Café", in: H.M. Viramontes, *The Moths and Other Stories*, Houston: Arte Público Press, 1985, S. 65–79.
[60] R. Fernández, „,The Cariboo Café': Helena Maria Viramontes Discourses with Her Social and Cultural Contexts", *Women's Studies* 17 (1989) 1–2, S. 71–85, hier S. 71.

literarischen Mitteln alternative Geographien und Verbindungslinien zu imaginieren, in denen Räume und Personen zueinander in Beziehung gesetzt werden.

Der erste Teil der Geschichte wird aus der Perspektive der sechsjährigen Sonya erzählt, die ihren jüngeren Bruder Macky betreut, während die Eltern arbeiten, und die den Wohnungsschlüssel verloren hat. Auf dem Weg zurück zur Tagesmutter des Bruders verstecken sich die Kinder vor Polizisten, die einen Migranten kontrollieren und festnehmen, laufen davon und geraten in ein Gewirr von Gassen, die sie schließlich zum in einem trostlosen Gewerbegebiet liegenden Cariboo Café führen. Aus Sonyas Erzählung und der Dramatik des Schlüsselverlusts und der Flucht vor der Polizei lässt sich schließen, dass die Eltern undokumentierte Migrant_innen aus Mexiko sind, die „in the secrecy of night"[61] die Grenze überquerten und für die die Angst vor der Polizei ständiger Begleiter des familiären Lebens ist. Von den Eltern haben die Kinder als erste Regel vermittelt bekommen, nie mit Fremden zu sprechen und der „polie" (Polizei) aus dem Weg zu gehen, da die Polizisten Kinder festnehmen „and send them to Tijuana"[62]. Daher schlussfolgert Sonya aus der Verhaftung des Migranten, dass ihre Eltern recht hatten: „And it's true, they're putting him in the car and take him to Tijuana."[63]

In Sonyas kindlicher Wahrnehmung erscheint der Stadtraum sowohl verwirrend als auch bedrohlich: Von der Schwelle ihres Hauses, zwischen Glasscherben und „people piling in and spilling out of the buses"[64] beobachtet sie einen alten obdachlosen Mann, der auf einer Parkbank schläft und der „einer Kugel zerknüllten Papiers" (*a crumbled ball of paper*[65]) gleicht. Ihr wird dabei bewusst, dass sie das von ihm ausgehende Gefühl von Einsamkeit und Nichtzugehörigkeit mit ihm teilt („She became aware of their mutual loneliness"[66]). Die Stadt ist für sie ein feindliches Gebiet, ein Ort alptraumhafter Schatten, „shadows [...] hovering like nightmares"[67], wohingegen sie das Café als „Leuchtturm am Ende eines dunklen Meeres" (*a beacon light at the end of a dark sea*[68]) imaginiert.

Der zweite Teil wird von dem namenlosen Besitzer des Cariboo Café erzählt, der Leser_innen an den zahlreichen Verlusten in seinem gescheiterten Leben teilhaben lässt, die durch das verblichene Schild des schäbigen Restaurants

---

61 Viramontes, „The Cariboo Café", S. 61.
62 Ebd., S. 63.
63 Ebd.
64 Ebd., S. 61.
65 Ebd.
66 Ebd., S. 62.
67 Ebd., S. 64.
68 Ebd.

symbolisiert werden: er nennt das Café, von dessen Namen nur die „Doppelnull" (*double zero*) der letzten beiden Buchstaben geblieben sind, „the story of my life".[69] Nicht nur hat ihn seine Frau verlassen, sondern sein Sohn ist im Vietnamkrieg vermisst; der drogenabhängige Vietnamveteran Paulie, Stammgast im Café, ist eine Art Ersatzsohn für ihn. Der Cafébesitzer macht seine Kund_innen, hauptsächlich undokumentierte Migrant_innen, die in den umliegenden Betrieben arbeiten, teilweise für seine Misere verantwortlich, da sein Café regelmäßig von der Polizei durchsucht wird und er sich dadurch stigmatisiert fühlt. Als die beiden Kinder Sonya und Macky gemeinsam mit einer Frau sein Café betreten, fasst er sofort Zuneigung zu dem kleinen Jungen, der ihn an seinen Sohn erinnert. Später erkennt er die Kinder in einer Vermisstenmeldung im Fernsehen wieder und vermutet daher, dass die Frau sie entführt hat.

Der dritte Teil erzählt das Geschehen aus der Perspektive der namenlosen Frau, die mit den Kindern in das Café kommt. Die Frau stammt aus einem nicht näher bestimmten Land auf dem amerikanischen Kontinent, wo sie unter dem Militärregime der dortigen Diktatur ihren fünfjährigen Sohn Geraldo verloren hat, der auf der Straße verhaftet wurde und nun zu den Verschwundenen, den *desaparecidos*, zählt. Obwohl eine direkte Referentialisierung nicht möglich ist, lässt sich vermuten, dass es sich um eine der US-gestützten Militärdiktaturen in Mittelamerika handelt, wo zahlreiche Menschen in den 1970er und frühen 1980er Jahren Opfer der Todesschwadronen wurden. Die Versuche der Frau, den Verbleib ihres Sohnes zu klären, scheitern an der Gleichgültigkeit der Paramilitärs, die sie erfolglos befragt. Der Verlust des Sohnes ist für die Frau gleichbedeutend mit dem Verlust der Heimat: Schwer traumatisiert, führt die Erkenntnis, dass „[t]hese four walls are no longer my house; the earth beneath it, no longer my home"[70], sie zur Flucht aus ihrem Land. In Los Angeles, wohin sie dank eines Schmugglers gelangte und wo sie bei ihrem Neffen lebt, irrt sie durch die Stadt und trifft vor dem Café auf den kleinen Jungen Macky, den sie nunmehr für Geraldo hält. Sie nimmt ihn und seine Schwester mit in eine nicht näher bestimmte Unterkunft, wo sie den Jungen badet und umsorgt. Ihre Traumatisierung wird nicht nur in der Annahme deutlich, dass Macky ihr (vermutlich ermordeter) Sohn ist, sondern auch in den zahlreichen Flashbacks, in denen sie die Foltergefängnisse in ihrem Heimatland als Räume imaginiert, in denen von den Militärs als Spione verhaftete Kinder zwischen den Leichen Ermordeter arbeiten müssen. Am Schluss der Erzählung betritt die Frau mit den Kindern zum zweiten Mal das Café; die vom Cafébesitzer gerufenen Polizisten versuchen ihr den kleinen Jungen zu entreißen, die Frau

---

69 Ebd.
70 Ebd., S. 65.

wehrt sich gegen den vermeintlich erneuten Verlust ihres Sohnes Geraldo und bricht unter den Schlägen von Gewehrkolben zusammen.

Wiewohl die Charaktere in der Erzählung einander nicht kennen, aus verschiedenen Ländern kommen und kaum miteinander kommunizieren, werden sie in der Erzählung – ebenso wie die verschiedenen Räume – durch spezifische literarische Strategien topographischer Ausgestaltung miteinander verknüpft. Das geschieht zunächst durch die thematische Achse der Migration und durch die zentralen Motive des Verschwindens und des Verlusts von Familienangehörigen, die in verschiedenen Bedeutungsschattierungen immer wieder auftreten und die Schicksale der zentralamerikanischen Frau, der beiden Kinder und des Cafébesitzers verknüpfen.

Lokale und transnationale Räume sind dabei über die Erfahrungen der Charaktere verbunden. Der Sohn der Mutter aus Mittelamerika gehört in ihrem von einem Bürgerkrieg überzogenen Land zu den Verschwundenen; der Sohn des Cafébesitzers ist ebenfalls „verschwunden" – vermisst an einem anderen Kriegsschauplatz, dem Vietnamkrieg. Der Cafébesitzer hat keine Information über seinen Verbleib und kann nur vermuten, wie und wo er starb. Die leidvollen Verlusterfahrungen des Cafébesitzers und der Frau stehen in direktem Zusammenhang mit den geopolitischen Einflussnahmen und Kriegen der USA in Zentralamerika und in Südostasien – Kontexte, die den meisten Leser_innen zum Zeitpunkt der Publikation des Textes 1985 präsent gewesen sein dürften. Auch die Kinder Sonya und Macky und ihre Eltern müssen als illegale Migrant_innen in der Stadt „verschwinden", um nicht deportiert zu werden; nachdem die Kinder von der Frau mitgenommen werden, sind sie zunächst für ihre Eltern „verschwunden"; nach Eingreifen der Polizei ist ihr weiteres Schicksal und das der Familie ungewiss. Verlorene Kinder und verlorene Eltern sind in der Erzählung allgegenwärtig.

Der Text konstruiert die Raumimagination der mittelamerikanischen Frau darüber hinaus als Kontinuum, in dem ihr Heimatland (vermutlich El Salvador oder Guatemala) und ihr neuer Aufenthaltsort Los Angeles ununterscheidbar werden. Viramontes verschmilzt beide Räume bewusst zu einer „palimpsestischen Geographie"[71], die nahelegt, dass die Geschehnisse im Herkunftsland der Frau einen direkten Bezug zu den Erfahrungen von undokumentierten Migrant_innen in Los Angeles haben. Beide erscheinen ihr als Orte, die durch Angst vor der Polizei, durch Gewalt und die Schutzlosigkeit von Eltern und Kindern gekennzeichnet sind; auf sie treffen die Merkmale des von Giorgio Agamben be-

---

71 J.A. Lorenz, *Haunted Cartographies: Ghostly Figures and Contemporary Epic in Latin America*, Austin: Univ. Diss., University of Texas at Austin, 2000, S. 30.

schriebenen Ausnahmezustands zu.[72] Indem die Autorin zudem den Namen des Landes nicht nennt, erweitert sie den imaginativen Herkunftsraum der Frau und lässt ihr Schicksal damit exemplarisch für die hunderttausenden Geflüchtete aus mittelamerikanischen Staaten sprechen, die vor Diktaturen fliehen mussten.

Alle Charaktere sind des Weiteren durch ihre marginale und prekäre soziale Position verbunden, die Viramontes ebenfalls über eine Raummetaphorik in Form einer Topik-Kette für Leser_innen erfahrbar macht: Die Eltern von Sonya und Macky planen hart zu arbeiten, so dass sie in ein Haus ziehen könnten, in dem sie nicht länger die Toilette mit anderen Familien teilen müssen („where the toilet was one's own"[73]); die zentralamerikanische Frau verdient ihr Auskommen damit, dass sie Toiletten säubert; auch der Cafébesitzer muss die (von seinem Stammgast Paulie verunreinigte) Toilette seines Cafés selbst reinigen, und seine Toilette dient illegalen Migrant_innen vorübergehend als Zuflucht vor der Polizei. Eine weitere Topik-Kette verbindet den kleinen Macky mit den anderen undokumentierten Migrant_innen, die das Café besuchen: Sein Verlangen nach *Coke* – ein Getränk, das er bei seiner Tagesmutter erhält und das er auch im Café bestellt –, kehrt wieder im Bericht des Cafébesitzers, der sich beklagt, dass die Migrant_innen kein Essen kaufen, sondern nur *Coke*, um ihre Pausen im Café verbringen zu können. *Coke* fungiert im Text als Symbol einer Globalisierung, die Migrationsströme (mit)verursacht, und wird zur Chiffre eines uneingelösten Wohlstandsversprechens für die undokumentierten Migrant_innen.

Verbindungen zwischen den Charakteren werden in der Erzählung darüber hinaus durch die Raumimaginarien hergestellt, die die unverarbeiteten Traumata über den Verlust der Kinder im Bewusstsein des Cafébesitzers und dem der namenlosen Mutter produzieren. Bei beiden Charakteren verschmilzt die Raumwahrnehmung in der erzählten Gegenwart mit den durch ihre Traumata geprägten Erinnerungsräumen. In den Flashbacks der Frau erscheint immer wieder das Bild des *detainers*, eines Folterraums, dessen Inneres mangels tatsächlicher Informationen über das Schicksal von Verschwundenen nur erahnt werden konnte und in dem sie sich ihren Sohn gemeinsam mit anderen Verschwundenen als Arbeitssklaven des Militärs vorstellt. Der physische Raum tatsächlicher Folterkammern und der mentale Raum der Erinnerung der Mutter an Gehörtes überlagern sich dabei[74], wenn die Frau in diesem Raum vollzogene Grausamkeiten wie Kastration, Vergewaltigung und Morde an Kindern und Frauen imaginiert.

---

72 G. Agamben, *State of Exception*, Chicago: University of Chicago Press, 2005.
73 Viramontes, „The Cariboo Café", S. 61.
74 Vgl. E. Bronfen, *Der literarische Raum: Eine Untersuchung am Beispiel von Dorothy M. Richardsons Romanzyklus Pilgrimage*, Tübingen: Max Niemeyer, 1986, S. 274–314.

Das unbewältigte Trauma des Cafébesitzers über den Verlust seines Sohnes wird indes über seine Wahrnehmungen im Raum der Küche dramatisiert. Als die Frau mit den Kindern zum zweiten Mal das Café betritt und er das Essen zubereitet, scheint er seine Handlungen nicht unter Kontrolle zu haben; das überkochende Rote-Bohnen-Gericht, das auf den Küchenboden rinnt, erscheint ihm als Blutlache, und das verbrannte Fleisch auf dem Grill löst Vorstellungen eines Feuers aus, das er mit dem Feuer assoziiert, in dem möglicherweise sein Sohn verbrannte. Seine undeutliche Vision der Kriegsszene in Vietnam, in der der Sohn starb, verbindet sich mit der realen Welt seiner Küche. Seine physische Reaktion (seine Hände zittern und er beginnt zu weinen) verweisen auf die psychische Krise von Verlust und Schmerz, die sich schließlich im Zorn auf die Frau äußert, die die Kinder ins Café gebracht hat. Der Anruf bei der Polizei erscheint als eine Affekthandlung, die er nicht kontrollieren kann:

> Aw, fuck, he says, in a fog of smoke, his eyes burning tears. He can't believe it, but he's crying. For the first time since JoJo's death, he's crying. He becomes angry at the lady for returning. At JoJo. At Nell for leaving him. He wishes Nell here, but doesn't know where she's at or what part of Vietnam JoJo is all crumbled up in. Children gotta be with their parents, family gotta be together, he thinks. It's only right. The emergency line is ringing.[75]

Eine weitere räumliche Dimension der Erzählung eröffnet sich über die Legendenfigur der Llorona, die in der Erzählung der verzweifelten Mutter von Geraldo aufscheint. Die Llorona, eine Geisterfigur der mexikanischen Legende, steht sinnbildlich für die Mütter von Verschwundenen: Sie verkörpert eine Mutter, die nachts aus dem Fluss auftaucht und die Flussufer nach ihren verlorenen Kindern absucht: „The darkness becomes a serpent's tongue, swallowing us whole. It is the night of La Llorona. The women come up from the depths of sorrow to search for their children. I join them, frantic, desperate [...]."[76] Über die Dimension des Mythologisch-Fantastischen überlagern sich der real erfahrbare Handlungsraum, der Erinnerungsraum der traumatisierten Frau und der Raum der Legende – sie verschmilzt mit der Geisterfigur, wird selbst zu einem „Geist", der die Stadt durchirrt.

Viramontes' Erzählung offeriert Leser_innen eine Raumvorstellung von Los Angeles aus der Perspektive ihrer marginalisierten Bewohner_innen. Über die erzählperspektivische Fokalisierung stellt der Text Bezüge zwischen der erlebten Gegenwart und den Verlusterfahrungen der Protagonist_innen und den Schauplätzen von Armut, Krieg und Gewalt in anderen Teilen der Welt her. Die Erzäh-

---
75 Viramontes, „The Cariboo Café", S. 77.
76 Ebd., S. 68.

lung setzt den Raum Los Angeles als Ort der Migration und der Polizeigewalt gegen Migrant_innen damit in einen hemisphärischen und globalen Bezugsrahmen. Die Autorin repräsentiert die Stadt als Ort der Verlorenheit, bewohnt und durchquert von Eltern und Kindern, die in ihr kein Zuhause finden. In der Imagination der Protagonist_innen verschmilzt der Raum der Stadt dabei mit den transnationalen Räumen amerikanischer Interventionspolitik in Lateinamerika und Südostasien, wodurch die Erzählung exzeptionalistische nationale Narrative der USA in Frage stellt.

5 Schluss

In diesem Band haben wir uns aus der Sicht der Geographie, der Kulturwissenschaften und der Literaturwissenschaft mit Imaginationen von Raum beschäftigt. Dabei haben wir „Raum" als eine kulturwissenschaftliche Kategorie verstanden, also nicht als „messbare[n], der Wahrnehmung vorgängige[n] Raum", sondern als sozial konstruierten und „kommunikativen Raum".[1] Das gemeinsame Interesse ist die Erforschung der Wahrnehmung, Vorstellung und Darstellung von Raum in unterschiedlichen Medien. Die Bündelung der jeweiligen Analyseinstrumente unserer Disziplinen bei der Untersuchung kultureller Vorstellungen von Raum, von „géographies imaginaires" oder „geographical imaginaries" und deren sprachlicher und visueller Manifestationen in Medien wie Karten, Texten oder Produkten materieller Kultur macht eine Zusammenarbeit im SFB im Hinblick auf die Erforschung von Raumsemantiken in Verräumlichungsprozessen unter Globalisierungsbedingungen so produktiv.

In unseren drei Beispielanalysen, die sich alle auf den „Raum Amerika" beziehen, wird Raum unterschiedlich imaginiert, wobei auch wesentliche Phasen der Neuverräumlichungen der Welt sichtbar werden. Das erste Beispiel aus der Geographie zeigt das Bemühen um nationalstaatliche Formatierung im 19. Jahrhundert: Im Text von Gilbert werden die Hoffnungen und das Begehren auf die globale Durchsetzung des als „richtig" und „natürlich" erscheinenden Raumformats „Nationalstaat" sichtbar. Dabei zeigt sich, dass dieses Raumformat seinerseits wiederum aus unterschiedlichen, hierarchisch geordneten Verräumlichungen zusammengesetzt ist. Grundlegend sind nämlich die imaginativen Bezugnahmen auf natürlich vorgegebene differente Regionen („provinces"), deren naturräumliche Ausstattungen zugleich als Potenziale für gegenwärtige und zukünftige Entfaltung komplementärer Sozial- und Wirtschaftsräume des sich herausbildenden Nationalstaats vorgestellt werden. Der nationalstaatliche Raum erscheint deshalb (noch) nicht als homogenes Phänomen: Er gewinnt seine Einheit paradoxerweise gerade durch die Imagination einer differenten Vielfalt der ihn zusammensetzenden, nicht linear voneinander abgegrenzten Naturräume. Man kann dieses als ein gutes Beispiel dafür interpretieren, wie in einer nationalstaatlichen Formatierung des 19. Jahrhunderts auf der subnationalen Ebene immer noch Reste einer älteren, wesentlich auf dem Format des *empire* aufbauenden Raumordnung durchschimmern.

Das zweite Beispiel aus den Kulturwissenschaften, das „Haus Vaterland" in Berlin, steht für das fluide Werden und die Performativität von raumbezogenen

---

[1] Michalsky, „Raum visualisieren", S. 287.

Imaginationen in der Zwischenkriegszeit an einem Ort und in einer Stadt, die man als „Portal der Globalisierung" beschreiben kann. Gerade die hier hergestellten massenkulturell orientierten Vorstellungen über verschiedene Räume zeigen zwei grundlegende Mechanismen der Imagination: Zum einen werden hegemoniale (koloniale und eurozentristische) Raumkonstruktionen perpetuiert; zum anderen aber lässt sich in dem durchaus spielerischen Umgang mit den unterschiedlich gestalteten Erlebnisräumen auch eine Suche nach der Möglichkeit neuer, „anderer" Raumordnungen feststellen. Die massenkulturelle Imagination und Inszenierung der „Welt" in der Zwischenkriegszeit ist dabei ein guter Beleg für die fortgeschrittene Vernetzung und die vollständig etablierte *global condition*.

Das dritte – literarische – Beispiel kann wiederum als Ausdruck für die heutigen Verhältnisse einer durch Migrationen geprägten Welt sowie als Versuch gelesen werden, den im Ergebnis von (älteren) Verräumlichungsprozessen entstandenen und nach wie vor prägenden Gewalterfahrungen eine Stimme zu verleihen. Die Erzählung von Viramontes zeigt die Multiperspektivität von Raumformatierungsprozessen, die von subjektiven Erlebnissen geleitet sind. In diesen Erlebnissen zeigen sich gleichwohl die in Erinnerungsräume verlagerten Folgen US-amerikanischer Interventionspolitik, die sowohl Resultate der globalen Raumordnung des Kalten Krieges als auch Spielarten des Raumformats „imperialer Ergänzungsraum" sind. Gleichzeitig werden in diesen subjektiven Raumformatierungen etablierte Kodierungen und Abgrenzungen in Bezug auf den nationalstaatlichen Raum USA und dessen behaupteter „Exzeptionalität" auf dem amerikanischen Kontinent in Frage gestellt. Aus der Sicht von Migrant_innen, die sich im hemisphärischen Raum bewegen, setzen sich die Erfahrungen von Gewalt, Prekarität und Nichtzugehörigkeit hier fort. Über das subjektive Erleben der Protagonist_innen rückt die Erzählung so Geographien der Gewalt in den Vordergrund, die minoritäre Erfahrungen spiegeln.